课程治理现代化丛书
张秋来 王 琦 杨四耕 主编

跨学科学习创意设计

王 琦 郭丽萌 ◎ 主编

华东师范大学出版社
·上海·

图书在版编目(CIP)数据

跨学科学习创意设计/王琦,郭丽萌主编. —上海：华东师范大学出版社,2024. —(课程治理现代化丛书).
ISBN 978-7-5760-5402-6

Ⅰ.G632.0

中国国家版本馆 CIP 数据核字第 2025AT5733 号

课程治理现代化丛书

跨学科学习创意设计

丛书主编	张秋来　王　琦　杨四耕
主　编	王　琦　郭丽萌
责任编辑	刘　佳
项目编辑	林青荻
特约审读	李　瑞
责任校对	马晟佳　时东明
装帧设计	卢晓红

出版发行	华东师范大学出版社
社　　址	上海市中山北路 3663 号　邮编 200062
网　　址	www.ecnupress.com.cn
电　　话	021-60821666　行政传真 021-62572105
客服电话	021-62865537　门市(邮购)电话 021-62869887
地　　址	上海市中山北路 3663 号华东师范大学校内先锋路口
网　　店	http://hdsdcbs.tmall.com
印刷　者	上海商务联西印刷有限公司
开　　本	787 毫米×1092 毫米　1/16
印　　张	14.5
字　　数	151 千字
版　　次	2025 年 2 月第 1 版
印　　次	2025 年 2 月第 1 次
书　　号	ISBN 978-7-5760-5402-6
定　　价	48.00 元
出 版 人	王　焰

(如发现本版图书有印订质量问题,请寄回本社客服中心调换或电话 021-62865537 联系)

本书编委会

主编：王　琦　郭丽萌

编委：姜　淼　季雅瑄　刘盼盼　任慧敏　于　丽
　　　朱思楠

丛书总序

为了高水平推进区域课程治理现代化,深圳市坪山区立足"创新坪山、未来之城"的建设,唱响"深圳坪山,无限可能"的口号,相信每一所学校的力量,相信每一位教师的力量,相信每一个学生的力量,深化区域课程教学改革,推进课程治理机制创新,深化育人重点领域和关键环节改革,提升课程智治水平,转变育人方式,高水平推进深圳东部中心课程治理现代化。

坪山区确定了课程治理现代化的总体目标:完善课程治理机制,优化课程治理方式,创新课程治理载体,提升课程治理效能,形成国家主导、区域统筹、学校实施、社会参与和学生选择的课程治理新局面,开辟高水平推进区域课程治理现代化新赛道,争当深圳市课程治理现代化先行者,努力成为全面展现中国特色社会主义教育制度优越性的示范窗口和典型样板。在此基础上,形成了区域课程治理现代化的具体目标。

1. 完善课程治理机制。构建上下联动、问题倒逼、试点推广和协同推进等课程治理新机制,持续深化基础教育课程改革;广泛吸纳各种力量参与,通过由学校引导机制、师生参与机制、专家干预机制和社会力量融入机制等组成的复合型机制,促进课程资源高质量供给,有效达成课程改革的多重目标。

2. 优化课程治理方式。采用文化治理与依法治理相结合、内部治理与外部治理相结合、全面治理与专项治理相结合、横向治理与纵向治理相结合的多维课程治理方式,实现课程治理方式的优化组合。根据治理的问题难度、治理的主体组合和治理的过程情况,灵活采取一种或多种治理方式,实现课程治理最优化。

3. 创新课程治理载体。进一步理清政府、社会、学校及教师的课程治理权限,强化课程治理的国家意志,把握课程政策走向,理解课程标准,设计课程计划,研制课程规划,优化课程设计,推进课程审议,落实课程研修,开展课程视导,寻求技术赋能,创建多元协同课程治理共同体,不断创新课程治理载体。

4. 提升课程治理效能。培育一批深入实施新课程的先进学校,提升教师课程治理能力，促进学生个性全面发展；总结发现一批课程育人成效显著的典型案例，形成一套更加完善的、有时代特征、坪山特点、中国特色的课程治理制度体系，为率先实现高水平课程治理现代化提供坚实保障，奠定坪山区教育现代化的制度基石。

如何高水平推进区域课程治理现代化？深圳市坪山区把握以下几条原则。

一是坚持正确方向，强化课程治理的国家意志。课程治理是国家事权，要坚持正确方向，充分体现课程治理的国家意志，确保社会主义办学方向，坚持立德树人，服务国家战略需求，将社会主义核心价值观融入课程体系之中。

二是坚持问题导向，破解课程治理的系列难题。围绕着课程理念难更新、课程逻辑难理顺、课程实施难深入、课程资源难协调、课程研究难深化、课程治理体系不配套等突出问题，深化体制机制改革，着力破解课程治理的系列难题，助力学生健康成长。

三是坚持守正创新，把握课程治理的内在逻辑。加强学校课程顶层设计，总结课程改革成功经验，着眼于课程制度建设，坚持守正创新，鼓励各校深入探索、勇于创新、不断完善，把握课程治理的内在逻辑，持续激发学校课程治理活力，讲好坪山课程故事，传递中国课程话语。

四是坚持放管结合，构建课程治理的协同机制。处理好政府办学主体责任和学校办学主体地位之间的关系，遵循多元治理原则，明确政府、社会、学校和教师的治理权限，发挥自上而下与自下而上相结合的课程改革动力作用，坚持顶层设计与分步推进相结合的课程改革方法论，构建课程治理的协同机制，深化基础教育课程改革。

五是坚持有序推进，完善课程治理的路径选择。强化党委统筹、政府依托和各方参与间的协调配合，坚持渐进调适与全面深化相结合的课程治理路径选择，注重从实际出发，加强分类指导，因校制宜，积极稳妥推进，处理好改革、发展、稳定三者的关系，切实增强课程治理的针对性、协调性和有效性。

高水平推进区域课程治理现代化，深圳市坪山区注重系统性，避免零打碎敲；注重渐进性，实现平稳过渡；注重协同性，实现点面结合，全面建设高品质课程体系。深圳市坪山区主要围绕六大任务推进区域课程治理现代化。

第一大任务：健全立德树人落实机制

1. 价值引领机制。以课程规划为抓手，建立健全德智体美劳全面发展的人才培养体系。在坚定理想信念、厚植爱国主义情怀、加强品德修养、增长知识见识、培养奋斗精神、增强综合素质上下功夫，建构坪山区"5T"课程目标观，着力培养有思想(thinking)、有才干(talented)、有韧性(temper)、会合作(teamwork)、可信赖(trusty)的新时代坪山学子,使学生有理想、有本领、有担当,培养德智体美劳全面发展的社会主义建设者和接班人。

2. 系统衔接机制。完善中小幼一体化德育课程体系,大力培育和践行社会主义核心价值观,推进各学段纵向衔接、各学科横向融通、课内外深度融合。提高智育水平,培养关键能力,激发创新意识。完善体质健康教育,增强师生审美能力。加强劳动教育,完善家庭、学校、社会教育体系。实现不同学段、不同环境中的课程思政的前后贯通和优势互补。

3. 动力形成机制。以评价改革为纽带,通过设计和推进适用于政府、学校、社区和教师等不同主体的立德树人评价标准,探索多样化的适合师生需要的激励方式,增强不同教育主体立德树人的动力,不断激发课程育人的积极性、主动性和创造性。

4. 能力提升机制。以学科育人为重点,通过加深教师对学科课程哲学和育人价值的理解,通过对各学科课程目标、结构、内容、实施方法和评价要求的把握,发挥好立德树人主渠道的作用,不断提升课程育人能力。

5. 力量汇聚机制。以供给侧改革为统领,通过对人、财、物、时间、空间五大要素的优化整合与合理配置,构建社会支持、机构指导、协会自治、联盟推进、家校共育的合作体系,形成学校全面开放、家长深度参与、社会共同支持的力量汇聚机制,形成立德树人合力,不断提高课程育人成效。

第二大任务:建设高质量课程体系

高质量课程体系建设要突出课程育人属性,面向全体学生,因材施教,通过多主体协作、多资源统整、多场域协同,研制学校课程规划,优化学校课程结构,形成学校课程特色,满足学生多元发展需求。

1. 研制学校课程规划。坚持"一校一策",把国家统一制定的育人"蓝图"细化为学校的个性化育人"施工图"。学校要立足实际,分析资源条件,确立学校课程哲学,厘定培养目标,细化课程目标,因校制宜规划学校整体课程,以育人方式和学习方式变革为重点,创造性设计课程实施方案,激活学校课程管理,提升课程的文化内涵,彰显课程的逻辑力量。

2. 优化学校课程结构。以促进学生个性全面发展为目标,设计刚需课程、普需课程和特需课程,高质量落实体现国家课程刚性要求的刚需课程,建设体现学生兴趣爱好的普需课程,设计基于学生个性发展的特需课程,将课程理念、原则要求转化为具体的育人实践活动,满足学生多样化发展需要。

3. 形成学校课程特色。学前教育阶段按照幼儿学习与发展五大领域的要求,注重共同课程与特色课程的全面建构;义务教育阶段确保全面落实国家课程,注重与地方课程和校本课程的统筹实施;普通高中在保证开齐开好必修课程的基础上,注重适应学生特长优势和发展需要,提供分层分类、丰富多样的选修课程,形成体现学校办学特色的课程育人体系。

第三大任务:开发高品质课程内容

积极回应社会发展的新要求和育人实践的新挑战,把握课程迭代发展要求,构建以国家课程为主体、地方课程和校本课程为重要拓展和有益补充的课程内容体系,促进课程资源的高质量供给。

1. 推动学科课程群建设。以学科课程标准为依据,立足学校实际,培育优势学科和特色学科,基于学生发展需求,从学科课程哲学、学科课程目标、学科课程框架、学科课程思路、学科课程实施和学科课程管理等方面研制学科课程群建设方案,推动学科课程群建设,形成学科教学特色,优化学科教学过程,落实学科核心素养,严格学科常规管理,抓实学科教研活动,促进学科教研组建设,打造一批特色学科建设示范学校,实现优质均衡发展。

2. 落实科学素养提升行动。立足科技发展前沿,深化科学教育改革,开齐开足科学课程,强化做中学、用中学、创中学,推进跨学科综合教学。加强科学教育实践活动,持续深入开展科普教育,激发青少年好奇心、想象力、探求欲,提升学生解决实际问题的能力,发展学生科学素养。继续推进 STREAM 课程、创客教育课程、大师进校园课程和人工智能课程,关注未来社会,传播未来思想,增强未来意识,建立未来观念,探索未来教育课程体系,增强课程摄入的主动性。

3. 推进综合素养课程建设。继续推进家校共育"燃"课程、阳光阅读"亮"课程、底色艺术"炫"课程、悦动体育"嗨"课程、劳动教育"润"课程和生涯教育"导"课程,积极融入时代潮流,充分彰显课程的时代内涵,提升学生的综合素养。

第四大任务:提升课程实施质量

立足课程标准,通过试点先行和示范引领机制,探索单元整体课程设计,推进教学方式深度变革,提高作业设计水平,着力解决课程改革重难点问题,全面提高课程实施质量。

1. 探索单元整体课程设计。聚焦核心素养培育,基于学科课程标准,以学科大概念为核心,从明确单元课程理念、分析单元课程情境、厘定单元课程目标、研发单元课程内容、激活单元课程实施和设计单元课程评价等方面入手，探索单元整体课程设计，实现标准要求与目标设计、课程设计与教学设计、内容设计与学习设计、任务设计与活动设计、教学设计与评价设计的有机统一，提升学科课程育人价值。

2. 推进教学方式深度变革。根据核心素养形成规律，依据学生学习发生的基本途径，在学习、交往、实践和反思的基础上，逐步把间接学习和直接学习，知识学习与问题解决，形式训练与任务完成，课堂学习与实践活动，课内外、校内外、家庭学校社会结合起来，多主体协同、多途径融合、多情境转换，课程实施路径与学生学习方式紧密结合，注重学科实践和跨学科学习，让学生通过亲身体验丰富学习的直接经验，促进经验之间的转化和融合。加强课程学习与综合实践、社会生活的联系，建立以学习为中心的课程连续体，丰富学生的学习情感态度，体验学习过程与方法，促进学生核心素养的形成。

3. 全面提高作业设计水平。在用好基础性作业的基础上，多维度引导教师提高作业设计水平，鼓励教师设计探究性作业和实践性作业，探索设计情境性跨学科综合作业；广泛开展优质作业设计展示交流，加强作业设计培训。

第五大任务：创新课程评价方式

课程评价是课程建设质量的根本保证，对高品质课程建设具有激励、监督和调控作用。

1. 课程发展的文本评价。系统考查学校课程规划、学校课程指南、学科课程群建设方案、跨学科课程创意设计、校本课程纲要、单元整体课程设计等课程文本是否齐备，查看相关内容要素是否完整、表述是否科学、设计是否规范。

2. 课程建设的主体评价。课程建设的主体评价主要包括校长、教师和学生。其中，评价校长的课程领导力，主要从价值理解力、逻辑建构力、目标厘定力、框架设计力、课程开发力、实施推进力、评价激励力和资源保障力角度进行；评价教师的课程执行力，最主要看教师对所教课程的理念理解度和目标达成度；评价学生的课程学习，最主要是看通过课程的学习，学生的行为模式和学业成绩的提升效果，即学校育人目标的达成度。此外，外部因素对于课程实施的影响，比如政府机构的支持力度，相关社会力量诸如社会团体、社区资源以及学生家长的支持和理解等，也是课程实施过程评价需关注的内容。

3. 课程实施的效果评价。从以下三个维度进行评价：一是学生的学习结果，包括学生在课程学习过程中的表现、学生对课程学习的态度、学生核心素养的培养、学生对不同学习方式的运用、学生对课程的满意程度；二是教师的专业发展，包括教师课程领导力的提升、教师参与课程设计能力的提升、教师进行评价能力的提升、教师共同体的成长、教师对课程方案的满意程度等；三是学校的发展成效，包括课程建设是否促进学校的发展、是否为学校发展带来新的契机，家长对学校课程的满意程度，课程评价结果对于学校课程发展的价值等。

第六大任务：提高课程智治水平

课程治理现代化是在信息化、数字化、智能化背景下，通过创新教育模式、优化课程体系、推进课程实施、加强课程管理，全面提升课程品质的过程。升级课程资源数据库，构建课程智治长效发展机制，全面提高课程智治水平，是课程治理现代化的重要任务。

1. 加快课程数字化转型。充分利用人工智能和大数据技术，建设泛在学习环境，推进课程数据库建设，实现课程供给的个性化精准服务和资源多元融合，推进课程数字化转型，发展终身学习体系。

2. 推进数字化赋能教学。充分利用数字化赋能基础教育，推动数字化在拓展教学时空、共享优质资源、优化课程内容与教学过程、优化学生学习方式、精准开展教学评价等方面的广泛应用，基于大数据开展信息技术与教育教学的深度融合，推进个性化精准教学，促进教学更好地适应知识创新、素养形成发展等新要求，构建数字化背景下的新型教与学模式，助力提高教学效率和质量。

3. 建立课程反馈改进机制。完善课程管理规范体系，建立学习数据隐私保护机制。统筹推进课程数据无感采集、深度挖掘和开放共享，建立贯通的课程大数据归集和分析系统，形成课程反馈改进机制，为有效推进课程实施提供参考依据。

为了落实上述六大任务，深圳市坪山区变革传统教研方式，以问题为导向，在区域层面推进科研、教研、师训、信息四大研究部门贯通与融合，整合各类资源，建立健全协同研究机制。联合教科研机构、高校及培训、电教、装备等部门，充分发挥外部专业力量与内生力量的共同作用。探索课程备案与审议制度，强化专业引领，促进课程品质的整体提升。同时，构建课程督导机制，强化政府履行教育职责，提升政府对课程改革的保障能力，优化课程资源配置，优化区域课程改革环境。推进课程视导，落实课程专项督导制度，提升课程专项督导水平。引入第三方课程视导机制，合理运用视导结果，将结果作为资源配置的重要依据。

五年来，坪山区推进课程治理现代化取得了丰硕的成果，抢占了时代制高点，找准了理想落脚点,突出了现实结合点,把握了根本着力点,形成了常态落实点,积累了独具特色的坪山课程改革经验。

张秋来　王　琦　杨四耕

2024 年 6 月 7 日

目 录 | contents

前　言　　　　　　　　　　　　　　　　　　　　　　　　　　　　1

第一章　　价值关注：跨学科学习是整体性学习　　　　　　　　　　1

　　　　　跨学科学习不是以"跨"为目的，不是为了跨而跨，而是强调知识整合、问题解决和价值关注。跨学科学习是整体性学习，是完整的人参与其中的学习，它不仅需要学科立场，更需要跨学科的整合立场。我们不应该孤立地看待跨学科学习，而要从学科内部跳出来，站在外面看学科。在价值追求上，跨学科学习是为了完整的人；在实践推进上，跨学科学习是整体性学习。

　　　　　创意1-1　画说客家围屋　　　　　　　　　　　　　　　4
　　　　　创意1-2　放飞梦想气球　　　　　　　　　　　　　　　10
　　　　　创意1-3　守护小小水滴　　　　　　　　　　　　　　　17
　　　　　创意1-4　探秘"艾"文化　　　　　　　　　　　　　　 23

第二章　　问题聚焦：跨学科学习是主题性学习　　　　　　　　　　33

　　　　　主题是跨学科学习的灵魂，跨学科学习不是漫无目的的跨越，而是有主题的、围绕主题的、符合主题特征的跨越。跨学科学习打破学科界限，围绕一个主题展开，在主题统领下整合学科核心素养，在解决真实问题中培养学生综合素质、促进其人格发展，且具备能够吸引学生、相关性强、目的明确、具有整合性与情境化等基本特征。主题是引领跨学科学习的组织中心。

创意2-1	校园零废弃	37
创意2-2	校园植物档案	46
创意2-3	春天与诗相约	53
创意2-4	古诗谱新韵	59
创意2-5	龙娃巧吟诵	66

第三章　任务设计：跨学科学习是挑战性学习　　71

挑战性是跨学科学习的基本属性，这是由素养生发过程的复杂性、建构性和探究性决定的。跨学科学习挑战了传统的学习方法，它要求学习者具备高度的自主学习能力、创新思维和问题解决能力，在面对复杂的问题和挑战时，能够突破传统学科框架，深入探索各领域之间的内在联系，灵活运用所学知识，最终提出创新的解决方案。通过设计挑战性任务，可以激发学习者的好奇心和求知欲，使之更加主动地参与到学习中。

创意3-1	自制手工皂	75
创意3-2	制作包络线书签	82
创意3-3	"趣"造再生纸	88
创意3-4	制作微观粒子模型	101

第四章　过程延伸：跨学科学习是真实性学习　　109

跨学科学习是基于真实生活并面向真实世界的学习，是与现实世界联系并且提供真实反馈的学习，具有真实性学习的共同特征。换言之，跨学科学习是基于真实世界的问题情境，学习者进入真实世界或者高仿真的虚拟学习情境中,围绕真实任务进行探寻互动、过程延伸,采用真实性评估,进而获得真实体验的学习。让学习真实发生,是跨学科学习的重要追求。

创意 4-1	敦煌文创	113
创意 4-2	锦物新创	119
创意 4-3	"典"亮出场	127
创意 4-4	蚕宝宝观创	137
创意 4-5	小指甲大发现	143

第五章　方式激活:跨学科学习是实践性学习　　149

跨学科学习是实践性学习,是在实际情境中认识与体验客观世界,并基于多样化操作性学习过程分析解决实际问题的学习活动。跨学科实践学习是一条深邃而博大的求索之路,体现了"认识—实践—再认识"的基本原理,它以真实生活问题为驱动,着眼于教学内容的任务性、学习活动的真实性、教学设计的情境性以及学习过程的参与性,立足实践,打破学科的界限,将不同领域、各类理论融会贯通,形成一幅宏大而精美的育人画卷。

创意 5-1	看见数据的世界	153
创意 5-2	寻找传统杆秤的身影	159
创意 5-3	玩转舌尖上的土豆	164
创意 5-4	英语"话"中国	170
创意 5-5	绘"影"和平校园	177

第六章　评价创意:跨学科学习是表现性学习　　185

跨学科学习将学生的真实表现作为评价内容,表现性学习是跨学科学习的基本特征。通过记录、检测学生在跨学科学习中的实践表现,评估课程目标实现情况,发挥评价的导向作用。表现性评价服务于课程目标和跨学科素养培育,重点评估学生的学科核心知识的综合学习与运用情况,考量学生运用跨学科素养解决真实问题的能力,发挥跨学科学习的独特魅力和价值。

创意6-1	珊瑚保育行动	189
创意6-2	客家围屋制作	194
创意6-3	创意灯具设计	199
创意6-4	让中国立体起来	207

后 记 　　　　　　　　　　　　　　　213

前 言

随着以人工智能为代表的新一轮科技革命的加速到来和知识的爆炸式增长,教育的高质量发展对创新人才的需求也越来越迫切,单一学科的教学模式已经不能满足学生全面发展的需求。因此,如何在中小学阶段有效地进行跨学科教育,成了一个亟待探索的课题。正如张华教授所言:走向"跨学科学习"将是我国当前基础教育课程改革的重点与亮点。

教育部在 2014 年发布的《关于全面深化课程改革落实立德树人根本任务的意见》中提出"要在发挥各学科独特育人功能的基础上,充分发挥学科间综合育人功能,开展跨学科主题教育教学活动,将相关学科的教育内容有机整合,提高学生综合分析问题、解决问题的能力"。2022 年 4 月出台的《义务教育课程方案(2022 年版)》也将"跨学科主题学习活动"作为重要部分。跨学科学习是实现教育高质量发展的必然选择已成为越来越多的教育工作者的共识。深圳市坪山区对跨学科学习的探索始于 2015 年,初始为研究性学习项目探索,随着 2020 年《坪山区品质课程系列建设方案》的发布,跨学科课程建设作为引领性课程的重点项目在全区进行推进,引领师生对跨学科学习开展更加深入的实践与探索。

跨学科学习具有整体性。跨学科学习是完整的人参与其中的学习,它强调知识整合、问题解决和价值关注,它不仅需要学科立场,更需要跨学科的整合立场。我们不应该孤立地看待跨学科学习,而要从学科内部跳出来,站在外面看学科。

跨学科学习具有主题性。跨学科学习是在主题统领下有的放矢地践行,它强调在主题统领下整合学科核心素养,在解决真实问题中培养学生综合素质、促进其人格发展。

跨学科学习具有挑战性。跨学科学习挑战了传统的学习方法,它要求学习者具备高度的自主学习能力、创新思维和问题解决能力,突破传统学科框架,深入探索各领域之间的内在联系,灵活运用所学知识,提出创新的解决方案。

跨学科学习具有真实性。跨学科学习是基于真实世界的问题情境，学习者进入真实世界或者高仿真的虚拟学习情境中，围绕真实任务进行探寻互动、过程延伸，采用真实性评估，进而获得真实体验。

跨学科学习具有实践性。跨学科学习是在实际情境中认识与体验客观世界，并基于多样化的操作性学习过程，分析解决实际问题，让学习者通过自主参与，完成学科认知、个人体验以及社会生活经验积累等目标，从而提升学生的科学精神和实践创新能力。

跨学科学习具有表现性。跨学科学习将学生的真实表现作为评价内容，通过记录、检测学生在跨学科学习中的实践表现，评估课程目标实现情况，发挥评价的导向作用。

基于跨学科学习的六大特征，坪山区构建了"问题＋""课题＋"和"项目＋"的跨学科学习路径，打破学科束缚，探索开设跨学科的融合课程，让学生在设计过程中融合多个学科的知识和技能；组织跨学科的科研项目，让学生在科学研究中体验跨学科思维和方法；鼓励跨学科的团队合作项目，将来自不同学科背景的学生组成团队，共同解决实际问题。本书选择了二十九份代表坪山区中小学跨学科教育实践的典型案例，这些案例涵盖了不同学段，包括学前、小学和中学，能够展现出不同阶段的跨学科教育实践，以及在此过程中坪山学子对知识的深度理解、迁移运用和创新创造。

赴机在速，笃行不怠。对跨学科学习的探索和实践，一直在路上，我们期望通过持续不断的研究，激发学生像科学家一样思考，促进学生个性化发展，提升区域教育品质，给予每一个孩子领跑未来的力量。

编者

2024 年 3 月

第一章

价值关注：跨学科学习是整体性学习

跨学科学习不是以"跨"为目的，不是为了跨而跨，而是强调知识整合、问题解决和价值关注。跨学科学习是整体性学习，是完整的人参与其中的学习，它不仅需要学科立场，更需要跨学科的整合立场。我们不应该孤立地看待跨学科学习，而要从学科内部跳出来，站在外面看学科。在价值追求上，跨学科学习是为了完整的人；在实践推进上，跨学科学习是整体性学习。

整体性学习是加拿大的斯科特·扬总结的一套学习理论,它是对高效学习者的实践总结。之所以称为整体性学习,是因为它让我们认识到学习不仅仅是记忆一些事实,记忆只是学习的一小部分,更要全面地认识学习。① 我们所理解的整体性学习就是看待知识的角度是多方面的。任何一门知识都不会单独存在,它总是与方方面面的知识联系在一起。而跨学科学习正是运用一种真实的综合方法,整合来自不同学科的知识和方法,产生整体理解。综上所述,整体性学习和跨学科学习是有共性特征的,都是整合学科知识解决实际问题。要想走得更远,就需要从学科内部跳出来,站在外面看学科。

整体性学习特征包括学习目标、学习内容、学习投入、学习对象的整体性,据此建构出校本化整体性学习结构范式。② 在运用整体性学习策略的课堂教学里,学生是学习的主体,教师组织课堂、引导学生一步步完成各个阶段的任务。

在价值追求上,跨学科学习是为了完整的人。有学者认为,"完整的人"是温柔与刚毅并举、感性与理性融合、形式与内容丰富的人,以全面的方式占有着自己的全面本质。③ 实践活动是人认识自身和他人的有效途径,而完整的人则是在人类社会实践进程中被塑造出来的。要想使人成为"完整的人",教育就要作为一种人的解放在人的生成发展中发挥作用,让其在各方面都获得自主发展。而跨学科学习强调课程内容与学生经验、社会生活的联系,强化学科间的整合。尤其是要从简单的跨学科知识技能拼盘,转向问题解决的跨学科知识技能整合和价值关切,重视培养学生在真实情境中综合运用相关学科知识解决问题的能力,培养学生整体的世界观,促进完整的人的发展。

在实践推进上,跨学科学习是整体性学习。整体性学习是一种学习理论,它更精

---

① [加]斯科特·杨. 如何高效学习[M]. 程冕,译. 北京:机械工业出版社,2013.
② 薄俊生. 以整体性学习促进学生全面发展[J]. 江苏教育研究,2023(9):42—45.
③ 赵小彦."完整的人":学校劳动教育的人性假设[J]. 齐齐哈尔大学学报(哲学社会科版),2023(2):143—145+155.

确、全面地描述了我们的大脑是如何工作的。它是学生能力形成的关键性学习方式，其基础就是知识的关联，其价值在于帮助学生完整记忆知识、理解知识和灵活应用知识，它有助于学生探寻到知识的完整结构和面貌，解决现实复杂问题，并有利于学生创新思维的形成。[①] 整体性学习让学生知道从何下手去把握要点，并通过建立关联来牢固掌握知识、拓宽思路。整体性学习意味着知识并不是孤立的，它是编织一张知识联系的网络，通过一个个节点，把各学科知识联结起来。教师是帮助学生整体性学习的关键性力量。教师需要有跨学科交融的意识，需要对学生的整体性学习进行针对性指导，需要帮助学生搭建跨学科知识网络。为了实现课程内容的整合，发挥课程协同育人功能，义务教育新一轮课程改革强调开展跨学科学习。整体性作为跨学科主题学习的核心要素，既是目的又是手段。其中，跨学科学习要实现三个整合。一是整合学习学科，即明确具体包含哪些学科。跨学科学习的问题往往比较复杂，新兴领域研究可能会成为跨学科驱动型问题的原型，如：可持续发展问题、航空航天问题、无人机问题，等等，这样的真实问题可能一开始是一个复杂混沌的领域，通过确认各个学科课程标准，将这些学科统整联系起来。二是整合学习方式。跨学科有主导学科、关联学科和相关学科三个层次，通过焦点主题整合学科知识内容，探索任务式教学方式，更多地体会做中学、用中学、学中悟、学中创，在学习方式上促进深度学习，落实跨学科的核心素养。三是在探究基础上实现整合。跨学科不仅是学科视野间的融合，更应该是在此基础上寻找关联和冲突，进行知识碰撞和创新，得到新见解，开辟新天地。

综上所述，跨学科学习本身不是目的，不是为了跨而跨，而是强调知识整合、问题解决和价值关注。它不仅需要学科立场，更需要跨学科的整合立场。我们不应该孤立地看待跨学科学习，而应该树立整体观念，让学生在解决真实性问题的过程中深化对学科本质的理解，推进课堂方式转型。

（撰稿者：深圳市坪山区坪山中学　姜淼）

[①] 薄俊生.以整体性学习促进学生全面发展[J].江苏教育研究,2023(9):42—45.

创意 1-1　画说客家围屋

一　项目背景

《义务教育艺术课程标准(2022年版)》倡导,要设立跨学科主题学习活动,加强各学科间相互关联,带动课程综合化实施,将美术与自然、社会及科技相融合,提高学生的跨学科实践能力、综合探索与学习迁移的能力。[①]《关于全面实施学校美育浸润行动的通知》中提出,要构建完善艺术学科与其他学科协同推进的美育课程体系,深入挖掘各学科蕴含的美育价值与功能,强化教学与实践的有机统一。[②] 基于以上背景,我们设计了"画说客家围屋"项目。"画说客家围屋"跨学科主题学习活动注重美术、历史、语文、心理等各学科有机融合,旨在引导初中学生在感、思、寻、取的艺术实践中全面提升核心素养,塑造人格魅力,涵养美育情怀。这不仅能够发掘本土客家文化、拓展美育资源,还让学生经历一次跨学科主题学习的路径探索,对培养德智体美劳全面发展的社会主义建设者和接班人具有重大的意义。

二　项目目标

(1) 在考察、研讨、合作中自主探究客家民俗文化和历史渊源,应用多学科知识探索"客家围屋"。

(2) 能识别与诠释围屋建筑的基本信息和内涵,了解当地客家民俗文化以及客家人"聚族而居"的建筑精神。

(3) 从形象的客家围屋切入,体验、感悟传统艺术作品中的造型美和纹饰美,临摹前人成功的创作技艺和情感表达。

[①] 中华人民共和国教育部. 义务教育艺术课程标准(2022年版)[S]. 北京:北京师范大学出版社,2022:3.

[②] 中华人民共和国教育部. 关于全面实施学校美育浸润行动的通知[Z]. 2023-12-20.

(4) 走进客家围屋,探秘百年世居,在现场冥想、建筑写生、家训诵读等综合实践活动中生发情感与联想,深刻领悟客家文化,获得归属感。

(5) 适应当地环境,增强应对能力,将习得的美感特征及内涵、传统工艺创新应用于生活中,打造具有传统文化特色的校园环境。

三 项目内容

项目内容的设置是依据《义务教育艺术课程标准(2022年版)》中的美术学科课程内容"欣赏·评述""造型·表现""设计·应用"和"综合·探索"的四类艺术实践,将学校"向阳而生,逐光而行"的育人理念与客家传统文化艺术资源进行整合,构建多学科融合、贴近学生生活的"画说客家围屋"跨学科主题学习项目,引导学生在"感·思""寻·味""思·境""取·思"四类艺术实践中传承客家传统美术形式和优秀传统文化,围绕客家围屋文化渊源、外观布局、建筑防御功能、传统纹样、天人合一的建筑理念五个方面,进行实践探索(见图1-1-1)。

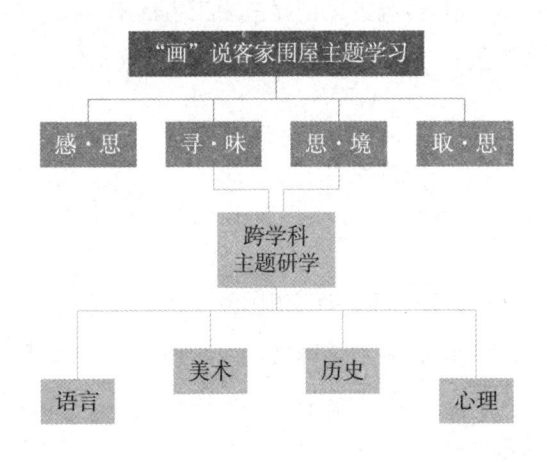

图1-1-1 "'画'说客家围屋"项目框架图

板块一:感·思。感·思的关键词是"感",那是一种外在的体悟,是受外在经验的感发所产生的思维方法或构思方式。[①] 在教学情境、材料形象中感知、体验坪山客家

---

① 中华人民共和国教育部.义务教育艺术课程标准(2022年版)[S].北京:北京师范大学出版社,2022:3.

文化的特点,生发情感与联想。自主探究客家民俗文化和历史渊源,增加学生对客家人的了解,适应当地的人文和环境,增强与外部环境和谐相处和适应应对的能力。

板块二:寻·味。寻·味单元的学习内容主要是从作品中去体验、感悟造型语言,学习前人成功的创作技艺和情感表达。依托社团课和学校美育活动,围绕坪山客家围屋开展主题研学,了解文化渊源、外观布局、建筑防御功能、传统纹样、天人合一的建筑理念,通过模型、版画、写生、综合材料试验等方式,创新表现从中提取到的造型语言,将前人成功的创作经验用于自己的创作。

板块三:思·境。"思"与"境"即放飞自己的思绪,保持心境的自由,让心与境相遇,找到一条合适的思想、情感表达的路径,深化前两单元所习得的文化渊源和形式语言。在现场冥想、文化陈列馆赏析、问卷调查等美术活动中,进一步了解其中的建筑设计、装饰艺术、民俗文化,让心畅游于绝妙的古老世界,心与景会,调动神思。结合多学科知识和生活经验,展开奇思妙想,走进客家围屋,在完成自主探究后,开展学习分享会,设计完善调查问卷,撰写赏析心得。

板块四:取·思。取·思是"搜求于象,心入于境,神会于物,因心而得"。引导学生将习得的美感特征及内涵、传统工艺创新应用于生活中,打造具有传统文化特色的校园环境,美化生活,增强社会责任感,传承中华优秀传统文化。

四 实施过程

(一) 考察阶段

教师根据同学们的爱好特长及对客家围屋的认知程度,把各学习小组分成了三个组并确定了分工。学生分组合作,通过网络、书籍、导学案、实地考察等方式开展客家围屋主题学习,2021年5月18日,我们召开第一次座谈会,各成员分享了自己对客家建筑和客家文化的初步理解。

2021年6月,我们开展了"客家文化探究"检索、参观、调查系列学习活动,借助网络检索、参观陈列馆、调查问卷三种方式,探究客家人的迁徙历程、生活习俗、建筑文化。考察小组根据学习目标设置调查问卷并进行现场调研。

(二) 鉴赏与临摹阶段

以项目学习的方式,学生分小组讨论美术鉴赏的数字故事制作方案;从不同角度对比鉴赏艺术作品,剖析艺术作品背后的文化意蕴,深入体会创作者的情感与思想,形成审美价值的判断;收集、整理鉴赏材料,创作并展示数字故事,感受艺术与科技相结合的学习体验,进行深度学习。

绘画临摹是一个向他人学习的过程,学习他人的形式表现、材料应用以及创作情感,主要在于培养学生的观察力、判断力和模仿力。通过临摹作品,提升学生的鉴赏水平,从而激发学生的绘画创造力和表现力,创新表现客家文化主题,将前人成功的创作经验用于自己的创作。

(三)综合探索阶段

综合·探索模块从整体探究角度出发,旨在使初中生积极地发现美术与其他领域、其他学科的交叉性及融合点,从而有助于全面提升综合素质。[①] 走进客家围屋,探秘百年世居,通过现场冥想、建筑写生、家训诵读等实践活动,同学们走出课堂,走进五彩斑斓的世界。不仅见识了自然与科技的伟大历程,学习了客家人恪守朴素的精神,也体会了老一代客家人的建筑奇迹。由此锻炼了同学们的综合能力,提升了同学们的核心素养,使同学们努力成为更好的自己。

(四)设计应用阶段

在客家文化主题班级环创、校园吉祥物设计、书签设计、校园墙绘创作等多元化的实践中,学生调动多学科知识与技能,创新表达自己心中的客家围屋、客家故事和客家文化,并将美育成果展示空间扩大至校园生活中,帮助学生建立为改善生活而设计的意识,培育社会责任感,争做新时代的好少年。

(五)展示评价阶段

我们将同学们的优秀创作作品收集整理,汇编成"优秀作品集"并在区内展演;2021年成立了画说客家围屋"创意工作坊",让更多的同学关注客家围屋,关注身边的优秀传统文化。

---

① 李伟. 基于STEAM项目学习的初中美术"综合·探索"模块教学[J]. 学园,2024,17(5):57—59.

五 项目成效

"画说客家围屋"跨学科主题学习,涉及美术、历史、语文、心理四门学科的知识。不同学科教师首先需依据教材内容沟通跨学科的共通知识,拟定客家文化主题研学的方法步骤,确定"客家围屋建筑"为跨学科主题。然后结合四门学科各自的学习目标,确定跨学科的学习目标。美术学科以围屋建筑的装饰艺术特征、审美范式、创意制作为学习目标;语文学科以客家围屋的历史渊源、文化背景和价值功能为学习目标,培育家国情怀;历史学科以认同客家优秀传统文化,认识其文明的历史价值和现实意义为学习目标;心理学科以适应当地的人文环境、增强与外部环境和谐相处的应对能力、获取身份认同和归属感、更好地融入深圳这个大家庭并且在学习的过程中培养合作精神和全局意识。

一是传承文化,守正创新。客家围屋是地方优秀传统文化的一个组成部分,是中国五大特色民居建筑之一,围屋主题作品可以体现民族精神,有利于学生发扬中华民族的传统美德,守正创新。在艺术考察、临摹鉴赏中感知、体验坪山客家文化的特点,生发情感与联想,适应当地的人文和环境。

二是综合探索,育德育能。我们组织开展跨学科的综合性、实践性的学习活动,使他们在现场冥想、文化陈列馆赏析、问卷调查、艺术考察、家训诵读等实践探索中融入自然,观察生活,感悟文化,思考人生,引领学生在参与和体验的过程中综合运用各学科知识与技能,将一个个构思通过他们灵动的思想、灵巧的双手变成一个个解决问题的创意设计、一幅幅精美的创意作品,促进学生在实践中探索,在探索中成长。

三是应物象形,创新表达。同学们将习得的美感特征及内涵、传统工艺创新应用于生活中,打造具有客家文化特色的校园环境,如班级环创、校园吉祥物、艺术长廊、校园墙绘,美化生活。培养学生建立劳动改善生活的意识,为改善生活而设计,形成设计思维,培育社会责任感,争做新时代的奋斗者。

总而言之,本次"画说客家围屋"跨学科主题学习,激发了同学们美术创作的热情,增进了对客家围屋建筑精神的认识,使同学们真正做到发自内心地去了解、体验、发现、分析、认同客家文化。他们的美术作品获得深圳市中小学生研究性学习成果展二等奖;教师撰写的研究报告《画说客家围屋》在广东省中小学优秀德育科研成果中斩获三等奖。在学习的过程中他们越发热爱这里的建筑、热爱这里的生活方式、热爱客家人身上的"坚守"和"独特的眼光",正如大万世居的文化陈列馆上方的标题所写的——"客而家焉",我们都可以成为那般"可爱的客家人",将不屈不挠、吃苦耐劳、克勤克俭、溯本思源、勇于开拓、精诚团结的客家精神铭刻于心、熔铸于魂。

(撰稿者:深圳市坪山区第二外国语学校　陈少鹏,陈小灵)

创意 1-2　放飞梦想气球

一　项目背景

　　学校英语文化节中开放的电影《飞屋环游记》深受孩子们的喜爱,为许多孩子心中种下了"气球飞行环游世界"的梦想。当三年级的典范英语和科学教材中不谋而合地出现"热气球"主题单元学习时,孩子们的心跃跃欲试,三年级的老师们也马上达成共识,成立"放飞梦想气球"STEM主题课程组。这是一次建立三年级组师生凝聚力的完美契机。

　　在课程实施中学生通过资料搜索、咨询调查等方式来获取热气球的相关信息,并通过信息处理及分析梳理出基本知识框架,与此同时,学生使用各类技能,开展协作式、探究式、创作式、职业体验式学习,在制作热气球、放飞热气球的实践活动中,以工程设计为核心,悄然建立起多学科知识间的联系、技能上的融合和情感态度上的升华。

二　项目目标

　　(1) 体验航天事业的历史变迁,了解中国航天技术的巨大进步与发展,增强民族自豪感,萌生航天科普的探索兴趣,放飞梦想。

　　(2) 在熟悉热气球基本构造及升空原理的基础上,尝试模仿、设计简易热气球和集热装置,做好放飞准备。

　　(3) 通过不断测试调整作品,在试错和优化中感知产品在实际加工生产过程中的不易,逐步提升解决问题的能力。

　　(4) 感受合作学习的快乐,在倾听、分享中体验热气球探索的乐趣,保持持续钻研的热情。

三　项目内容

　　"放飞梦想气球"跨学科学习围绕"如何制作一只安全、漂亮的热气球并成功放飞"

展开，覆盖三年级15个班全体学生，真正做到全员参与。课程从活动入项、提出问题、研究问题、方案设计、热气球制作、项目测评等环节有序开展。实施方案见图1-2-1。

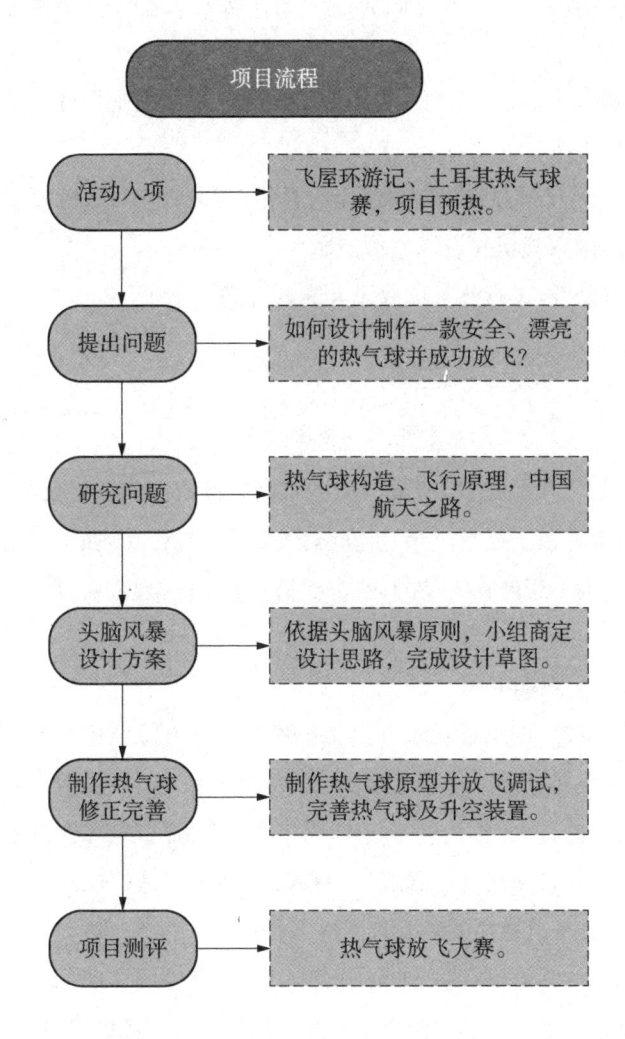

```
项目流程
  │
活动入项 ──→ 飞屋环游记、土耳其热气球赛，项目预热。
  │
提出问题 ──→ 如何设计制作一款安全、漂亮的热气球并成功放飞？
  │
研究问题 ──→ 热气球构造、飞行原理，中国航天之路。
  │
头脑风暴
设计方案 ──→ 依据头脑风暴原则，小组商定设计思路，完成设计草图。
  │
制作热气球
修正完善 ──→ 制作热气球原型并放飞调试，完善热气球及升空装置。
  │
项目测评 ──→ 热气球放飞大赛。
```

图1-2-1 "放飞梦想气球"项目流程图

本次放飞热气球跨学科主题课程是以工程设计为核心，整体分为六个板块。

板块一，入项活动，明确主题。通过英语节《飞屋环游记》影片以及土耳其热气球大赛了解热气球故事，激发项目兴趣。

板块二，提出问题。如何设计制作一款安全、漂亮的热气球，并成功放飞？通过驱动性问题带来挑战,激起兴趣,成立项目小组。

板块三,研究问题,知识与能力建构。了解热气球基本结构与功能,知道常见、可行的热气球热源,明确热气球飞行原理,空气相关动力学知识,了解世界各地的多彩创意热气球飞行。

板块四,头脑风暴、设计方案。小组成员充分讨论后确定设计思路并绘制设计草图,精简优化小组方案。

板块五,制作热气球并修正完善。小组合作,尝试制作热气球原型及加热装置并进行热气球试飞,调试修正并做好艺术装饰。

板块六,成果公开,进行热气球放飞大赛,进行项目测评。

四 实施过程

热气球项目对于学生来说,极具吸引力且富有挑战性。三年级的孩子爱动手、爱探索、求知欲强,有些孩子还有过亲身体验热气球飞行的经历,在了解项目开展过程后很是激动,给班级同学带来很大动力,整个项目开展氛围很热烈。

(一) 入项活动、明确主题

整个项目在学校大的英语戏剧节背景下展开,学生在欣赏推荐影片《飞屋环游记》后,被故事中的经典场景——气球带动梦想的房屋一起飞行所吸引,感到无比震撼,心底也种下一颗好奇的种子:什么样的气球,得多少数量的气球,才能带动房屋一起飞起来呢？如果我们无需带动房屋一起起飞,只需要气球带我们自己飞行,是否只需要一个大大的气球,类似热气球装置就可以？

在一系列问题的激发下,我们进行了资料的查找和知识的学习,带领孩子们了解了中国航天之路的发展与土耳其热气球比赛。从最初的古代传递信息的孔明灯,到现在发展迅速的各种航天飞行器,再到各式各样、创意无限的土耳其热气球,人类的智慧让孩子们惊叹,科技的进步带给人类生活的改变也在孩子们心中留下深深烙印,由此参与项目的热情空前高涨。

(二) 提出问题、设计挑战

在班级同学的讨论下,我们将项目驱动性问题确定为"如何设计制作一款安全、漂亮的热气球,并成功放飞",通过驱动性问题提出明确的任务并带来挑战,激发学习兴趣。孩子们成立了项目小组,在教师的引导下,确定了组名、小组成员的角色及分工,相互沟通了彼此的优势与有利条件,可以为项目贡献什么力量。小组成员也在一次次沟通与小任务的合作中逐步建立起信任与互助的关系。

(三) 研究问题、知识与能力建构

在明确任务并对任务进行深度分析后,我们聚焦在完成任务需要先了解或者先解决哪些问题,需要哪些帮助或者支援。孩子们在这个过程中将要在老师与家长的支持下、在同伴的合作下,查阅、收集、整理大量资料,并且开始系列实验探究,做好解决问题所需要的知识与能力储备。

1. 资料查找和小组汇报

学校提供给学生开放的学习空间,两个孩子一台电脑,孩子们按照教师的指引操作,学会用关键字或主题查找并储存图文资料,并在家长的帮助下进行资料的整理。孩子们搜集的内容包括"热气球有哪些基本构造,各部分功能是什么""热气球成功飞行的条件(自身条件和外部环境条件)有哪些""我们该选用哪种球体材料和火源材料搭配较为合适""我们该如何获得想要的制作材料呢""如何设计热气球的外观造型才具有科学性和艺术性""装置需要注意哪些安全问题,如何保证放飞安全性",等等。在对大量资料进行了解和整理后,由各小组在班级进行分享汇报,在倾听中分享智慧、碰撞思维。

2. 实验探究和拓展训练

教师首先通过趣味空气实验,吸引学生关注这个对于人类生活、对于热气球飞行很重要但是却被忽视的物质——神奇的空气,它无色无味,但是无孔不入,存在于各个角落。学生在尝试空气占据空间、空气是否能被压缩、空气是否有重量、冷空气与热空气的特点等系列探究实验后,对于空气的性质、特点有了更清晰的了解,能够理解热气球飞行的原理。

3. 热源的选择

在一定时间内,将球体内的空气加热到足够的温度,是热气球上升的关键因素,因此,火源的选择至关重要。为此,我们带领孩子们了解多种火源材料,分别从材质、热度、热源持久性、安全性、操作便捷性、价格等多方面进行了对比,引导学生根据小组需求和能力,选择合适的热源材料。

(四) 头脑风暴、设计方案

团队成员通过头脑风暴、集思广益,设计出一款可行性高的热气球方案。同学们在讨论的时候依据头脑风暴原则,及时记录下组员的各种观点。团队可根据任务的评价标准和限制条件以及在前面研究阶段积累的知识与素材展开深度讨论。

1. 学习头脑风暴规则

头脑风暴是将少数人(小组成员)集合在一起,以讨论的形式,对某一问题进行自由地思考,提出各自的想法,讨论时允许异想天开,鼓励每位成员说出自己的观点;讨论时重视数量而非质量;想法可重叠,允许并鼓励小组成员的想法与他人一致,或在其基础上进行发挥。在风暴原则下,有更多的孩子愿意打开心扉,勇敢地说出自己的想法。

2. 小组头脑风暴、绘制草图

在前面的知识积累的基础上,孩子们在小组内需要更细致地讨论具体问题,并达到基本统一,如我们小组想制作什么样的热气球?热气球球壳和火源分别采用什么材料?我选择这款材料的依据是什么?火源是固定在桌上还是随热气球向上飞,该怎么实现呢?如果是固定在桌面上,我们需要增加集热装置吗?如何实现?放飞时有哪些注意事项?如何确保放飞安全?等等。在经过较为充分的讨论后,通常会由小组内画工较优秀的孩子担任设计师,将小组成员的想法绘制成方案草图,图文并茂地呈现小组的最终想法。

3. 班级扩大交流,取长补短

团队成员进一步讨论,选择每个问题的最佳解决方式,排除难以实现的方案,例如:花费太高、老师无法提供相应的设备或者材料、花费时间太长而不能在课堂规定的时间里完成的方案。有争议的观点可以采取讨论、寻求帮助、投票的形式商定。最后各小组精简方案,呈现优化后的小组设计方案。

(五) 制作并完善原型

在符合产品标准的前提下,每个团队解决问题、构建作品时可以使用不同的可能方案。在接下来的环节中,孩子们可能会多次发现团队的方案中存在不足之处,多次经历重新设计、构建、完善的过程,这是工程设计的必经之路。各小组确定方案中热气球球壳、吊篮、火源、集热筒的具体材料和形式,如集热筒的孔径直径、高度、开口个数、固定方法、艺术装饰等,制作集热装置,装饰球壳、吊篮,组装热气球,并做好调试,做好放飞准备。

热气球装置可否改进？如果可以，是重新设计实验方案，还是只对原方案做部分修改？改进后的装置能获得更好的效果吗？教师提供学习支架和帮助，对应我们的项目评价标准，指引学生进行热气球的测试。在团队内部检测的基础上，可以邀请教师、其他组成员或家长对本组热气球装置进行评价建议，及时记录下这些意见及建议来进行小组热气球装置的完善优化。

（六）成果公开和测评方案

这一阶段将展开对孩子们项目成果的终结性评价，评价形式以项目汇报以及热气球放飞大赛的形式进行。教师首先公开评价标准、大赛规则，并对全体学生进行公开汇报的培训与指导；孩子们小组合作，在家长的支持下完成汇报PPT的制作以及试讲训练。在整个评价过程中，孩子们既是参评者、表演者也是小评委、合作者，身份角色多样切换，兴趣特长在体验中被发现、被发展。

五　项目成效

"放飞梦想气球"是基于STEM理念的跨学科项目式学习课程。课程在一定的项目背景下产生，由一个驱动性问题引出，为解决核心问题，打破学科界限，融合各学科知识，有目的、有计划地进行教学设计和组织教学活动，培养学生的批判性思维和创造性思维，提升学生的问题解决能力及表达能力，激发学生学习的主动性。

（一）建立指向高阶思维培养的学习方式

本项目基于学科中的关键概念和能力，将低阶认知"包裹"入高阶认知，通过项目式学习的设计培育学生的创新、批判性思维、交流合作、可持续性学习等重要能力。项目驱动性问题的提出更强调用高阶学习来带动低阶学习，知识观指向的是与学科本质有关的核心概念，持续探究式的学习历程打破了原来学科中单课落实的特点，从单元的角度重新设计。

（二）突出科学立场和儿童立场

课程的主题内容选择在进阶理论的基础上符合三年级学生身心发展特点和知识

能力基础,在活动设计中努力创造基于儿童的真实的学习环境。在有趣、有挑战性的驱动性问题下,围绕大概念进行的教学有助于学生对知识的深层次理解和迁移应用,有助于他们用概念建构头脑中的认知框架,这不仅能够为学生的未来学习和工作打下良好的基础,更重要的是有利于他们形成看待世界所需要的科学观念和思维方式。分类别、结构化的材料设计,分级挑战任务的设计,多角色体验的设计均体现儿童发展观:尊重和支持儿童的学习。

(三) 建立多元评价方式

过程与成果并重,个人与小组并驾,在整个项目实施过程中坚持评价方式的多元化、评价主体的多元化和评价内容的多元化,通过多个维度、多种方式,动员多个主体来对学生的知识能力、技能发展和综合素质进行评价,以利于学生的个体发展。在项目的实施过程中,通过借鉴使用各种过程性评价和总结性评价的量规量表,更加全面客观地评价学习过程,反馈指导学生团队活动的进行。学生在多元评价中不断发现自身的优势以及同伴的闪光点,学习体验感明显增强。

(撰稿者:深圳市坪山区同心外国语学校 孙瑶瑶)

创意 1-3 守护小水滴

一 项目背景

水是维持生命的不可缺少的重要组成,是最宝贵的自然资源,是万物的生命源泉,但大多数人认为水"取之不尽,用之不竭",并不珍惜水资源。在校园巡查中,发现我校学生在用水过程中存在任意挥霍、随意浪费的现象,缺少对水资源的保护意识,没有养成惜水、节水的好习惯。基于这一现象,本课程项目以四年级的学生为研究对象,结合学校周边环境,以坪山河流域水质情况为课程切入点,以科学知识学习为主线,注重学科之间的内在联系,破除学科之间的边界,融合了数学、道德与法治、信息技术的学科特点,设计了共 18 课时的课程,设计"倾听小水滴的诉说""开展水质调查""制作环保净水器"以及"我是节水环保小卫士"等课程活动。学生利用所学内容对如何解决污水处理问题形成自己的认识,养成科学用水、节约用水的良好生活习惯,争做节水、爱水的小公民。

二 项目目标

(1) 在水质研究实验过程中,能够对其他同伴提出来的关于水质研究结果内容进行质疑和思考。

(2) 在学科融合和跨学科合作中,能够清晰地表达自我观点,使他人更好地理解和接受,同时在和小组成员出现意见分歧时也能够听取他人的建议,并进行回应。

(3) 在相互信任的基础上各尽其能,合作完成净水器的制作。

(4) 在净水器制作过程中能够根据不同材质过滤的特点,进行创新设计,改造简易装置,用最小的成本实现最优效果。

三 项目内容

项目采取递进式结构,从认识水—水质调研—污水处理—宣传节水等环节,从易到难细化任务,以项目式学习的方式开展学习过程,掌握学科知识,完成综合性任务,培养学生4C核心能力。项目框架见图1-3-1。

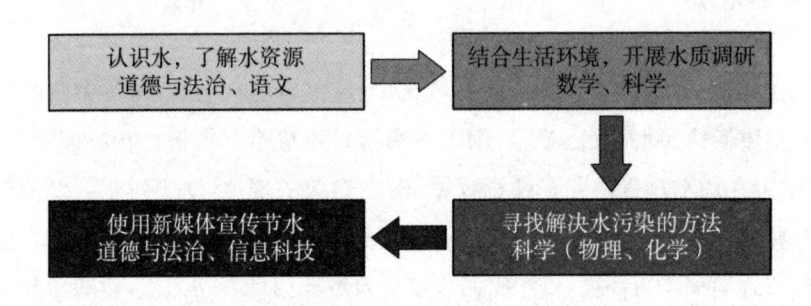

```
认识水,了解水资源       →    结合生活环境,开展水质调研
道德与法治、语文              数学、科学
                                    ↓
使用新媒体宣传节水       ←    寻找解决水污染的方法
道德与法治、信息科技           科学(物理、化学)
```

图1-3-1 "守护小小水滴"项目框架图

板块一:认识水。水是生活中不可缺少的资源,学生对水的认识来源于日常生活,普遍对水资源的重要性缺乏感知。因此本环节旨在帮助学生对水资源的分布以及现状进行初步认识,增强学生的节约用水意识。

板块二:水质调研。通过第一部分的学习,学生对水资源的重要性及现状有了初步了解。第二部分以学校周边有代表性区域的水质为研究样本,带领学生参与实地调查,以帮助学生掌握测定水质的两种方法并形成调查报告,对水质情况进行深入的说明。

板块三:污水处理。在形成水质调查报告的基础上引导学生思考如何解决问题。教师为学生讲解环保净水器的逻辑原理和相关化学知识,学生根据教师提供的材料探究不同材料的过滤能力,完成净水器的制作。

板块四:宣传节水。经过以上三个环节的学习,学生已经意识到节约用水的重要意义。为了进一步扩大学习成果的影响力,影响更多人,帮助学生学会使用新媒体对"节约用水"进行宣传。

四 实施过程

本项目内容共包含三大阶段,首先是启动阶段,成员对课程内容进行整体规划,并对授课内容精心设计,共同研磨,为正式开课做准备。其次是实施过程,主要包括四个环节:一是知识构建,帮助学生对水资源的分布以及现状进行初步认识,增强学生节约用水意识;二是社会实践,对于课堂上讲述的水资源情况开展社会实践调研,从自身生活出发去认识"水";三是动手实践,制作净水器,提高动手实践能力;四是利用新媒体技术开展节水宣传活动,除了增强学生自己节约用水的意识,还要培养学生关注社会、服务社会的意识。最后一个阶段对学生的作品进行展示,并对项目实施的内容进行整理。

(一) 项目启动

启动阶段主要是课题组成员对课程资料进行收集与整合,明确各教学环节主备教师,由主备教师带领团队成员教师进行集体备课、磨课活动,并对团队成员进行具体分工,为后续课程的具体实施做好课前准备。主要包括课程授课小组成员深入了解有关水资源的相关知识,了解我国水资源的分布情况和现实问题,在真实教学之中将相关知识讲授给学生;利用互联网收集"水的奥秘"科普动画视频、环保净水器的制作视频等与课程相关的音视频资源,作为课程的数字资源库;利用多媒体技术与网络技术跨越时空上的限制,增强学生对知识的理解。

(二) 项目实施

第一部分课程共2课时,主题为倾听小水滴的诉讼。从人与自然的关系视角,关注日常生活中时时离不开的水,不能仅仅把水当作一种可利用的资源,而要将水看作生命的重要组成部分,是与生命休戚与共的存在。通过"小水滴"的歌唱与遭遇不幸后的诉说,认识到水资源遭到了污染和浪费,思考在日常学习和生活中如何做到节约用水,激发学生爱惜水的情感。

在此授课过程中,主要是帮助学生:①认识水的重要性。了解水为什么称为"地球的血液""生命的源泉",进一步了解水和人们生活的关系,认识到水对万物来说都是宝贵资源。②了解我国水资源的现状,通过对我国水资源分布现状以及为解决用水问题启动的"南水北调"工程的认识,意识到每一滴水来之不易。③认识水资源污染的来源和现状。④思考如何解决水污染问题,寻找解决的办法和路径。

第二部分课程共6课时,主题为"我是水质调查员"。在上一阶段,学生对水资源有了初步认识和了解,在此基础上,本阶段需要解决的问题是如何对水质进行调查检测。

方法:对具有代表性区域的水域进行采样,如工厂旁的小河流、京基御景等住宅楼附近的水流,马峦山郊野公园或大山陂附近的水域等,掌握pH值测定和种子萌芽率两种水质调查方式,了解相关科学概念,如控制变量的含义和应用,并对调查结果的原因进行追溯。

在此授课过程中,主要内容有:

① 如何进行水质采样?在安全环境下,对代表性水域进行采样,对采集的标本进行标记并做好保存。学生从生活区域出发,提出可选取坪山河、大山陂、学校用水、家庭用水,还有从比亚迪等工厂附近小河流域选取。

② 如何对水质进行检测。可以通过观察方法:看水颜色、闻水是否存在异味。其次是利用pH试纸检测水质,帮助学生理解pH值的含义,知道pH值是反映水质变化最直接的方式,了解国家标准规定未受污染的淡水水体pH值,掌握相关的测量方法,并对不同水域的测量结果进行记录。

此外,为学生提供种子萌芽率检测水质的方法。帮助学生了解绿豆种子的发芽期,在控制温度、时间等条件不变的情况下,设置对照实验,探究不同水质对种子的萌芽是否存在影响,组织学生填写调查报告,并对水质情况进行深入的说明解释。

第三部分课程安排了6课时,主题为"我来制作净水防线"。首先从生活实际导入主题,为学生做好制作净水器所需的知识铺垫。其次让学生制作环保净水器。首先,引导学生设计实验,对比不同材料的过滤效果。在这一过程中,提供以下两个支架引导学生思考:①选择哪些材料?每种材料的作用是什么?②小卵石可以拦截较大颗粒杂质,石英砂可以过滤较小物质,活性炭吸附可溶性物质等。随后,引导学生进行小组合作制定方案,共同设计环保净水器并绘制草图;之后帮助学生根据草图DIY装饰净水器,检验净水器使用效果,发现其他小组制作的净水器的不足之处;通过以下两个问题:"这样净化后的水可以饮用吗?""这款净水器在哪些方面还可以进行改善?"实现拓展延伸,为后续化学池的设计进行铺垫引导。最后引导学生联系生活,制作净水化学池。学生通过自主学习了解相关化学反应,认识化学药品的特性、性质及对人体的影响;结合收集到的水质数据设计化学净水流程并在仿真软件上进行模拟实验,验证化学净水池的有效性和合理性;最后运用现有材料制作化学池,并记录净水效果。

第四部分课程包含4课时,主题为"我是节水宣传员"。随着科技的飞速发展,新媒体受到人们越来越多的关注。新媒体具有互动传播的特点,能够起到有效的宣传作用,扩大事件的影响力和普及范围。我国是一个水资源短缺的国家,我们赖以生存的水正日益减少,水资源往往就在"指尖"流失。因此,学生可以依托新媒体技术对"节约用水"进行宣传,不仅能够扩大社会影响力,提升人们的惜水意识,还能够帮助学生掌握简单的新媒体使用技术,如:学会编辑美篇,借以提升信息技能。该教学环节包含以下三个任务:①熟悉美篇软件的相关功能界面。②利用美篇编辑节约用水倡议书。③美篇作品宣传推广。

(三) 项目总结

本阶段的主要目标是对课程开设过程中的材料进行梳理,提供路演平台或展示机会,利用学校的LED屏幕、信息发布平台(公众号、宣传网页、朋友圈、校刊)等对学生的作品集进行展示宣传,让学生收获成就感。

五 项目成效

本项目通过体验性活动引导学生主动学习、探索并进行成果创造,打破学科之间的壁垒,实现有机融合,从基本知识、水资源现状、安全用水、污水处理等方面给学生上了生动一课,取得了显著的成效。

(一) 学生亲身参与,树立保护水资源的观念

通过一系列的知识讲解、水质调查、节水宣传等课程实践活动,学生亲身了解到周边水资源的现状,正确地认识到人与水资源之间密不可分的关系,迫切感受到保护水资源的重要性和紧迫性。"保护水源、从我做起"的观念逐渐在每个参与课程的孩子心中树立起来。

(二) 学习成果展示,扩大影响面

教师对教学过程进行整理,形成了学生的作品集。这个作品集包括了课前调查、

上网查资料、学案、课堂活动集锦、学生节水宣传数字媒体作品等内容,展示了学生们在节水教育活动中的学习成果。通过整理和展示这些作品,学校能够扩大活动的影响面,让更多人了解到学生们在节水教育中的积极参与和创造力。这样的展示不仅能够激发其他学生的兴趣和参与度,也能够引起家长们对节水教育的关注,形成校内外共同关注和支持的局面。

(三) 人人凝聚共识,共创节水型学校

在此项目影响下,学校逐步向节水型学校靠拢,设计了节水宣传周、节能节水知识竞赛等校级活动,利用升旗仪式或班会课,将节水活动向全校范围推广,形成浓厚的节水氛围,引起了师生广泛的关注和参与。

总的来说,"守护小水滴"项目活动通过深入教育和实践,取得了显著的成效。学生们的环保意识得到了明显提高,节水习惯得以养成。同时,学校和家庭的合作与参与也为活动的推广起到了积极的推动作用。这样的成果将为未来的节水保护工作提供坚实的基础,促使更多人共同努力,共同守护我们宝贵的水资源。

(撰稿者:深圳市坪山区锦龙小学　刘梅梅)

创意 1-4　探秘"艾"文化

一　项目背景

文化是一个国家、民族的灵魂。中华优秀传统文化,是中华民族的瑰宝和文化血脉。《中国学生发展核心素养》强调了学生应具备的必备品格和关键能力,综合表现为人文底蕴、科学精神、学会学习、健康生活、责任担当、实践创新六大素养。各素养之间相互联系、相互促进,在不同情境中整体发挥作用,从而培养出全面发展的人。

"艾",数千年来与客家人的生活息息相关,有着宝贵的药用价值和丰富的文化内涵。在一次介绍清明节的班会课上,一道客家美食——"艾粄",引发了全班同学关于"艾"美食的热烈讨论。这道传统的客家小吃背后蕴藏着客家人对植物艾叶的情有独钟,但原因为何?它有什么价值和作用?学生知之甚少。因此,结合学生的生活实际,我校在六年级开展了《探秘"艾"文化》跨学科学习项目,使学生探索和宣传"艾"背后的传统文化,传承民族文化,弘扬民族精神。

二　项目目标

(1) 探究了解"艾"的生长特点、药用与食用价值、习俗文化等,提高对中华传统文化的热爱和研究兴趣,增强自身人文底蕴和民族自豪感,培养文化自信。

(2) 学习宣传"艾"价值和"艾"文化的形式、方法,设计并制作相关的艺术创作,培养创新精神,提高与他人协作的能力和实践能力。

(3) 通过项目的实施,在实践活动中掌握一定的劳动技能,形成积极的劳动态度和良好的劳动习惯,学习运用网络搜索、问卷调查等技术手段提升搜集和处理信息的能力。

三　项目内容

本项目以"客家人为什么对'艾'情有独钟"为驱动问题,结合综合实践、信息技术、语文、美术、科学等学科的学习活动,让学生在学科老师的指导下运用几个学科的专业知识与技能进行四个子问题的探究(如图1-4-1),探索客家人对"艾"情有独钟的秘密,进行宣传"艾"的价值和文化内涵的艺术创作。

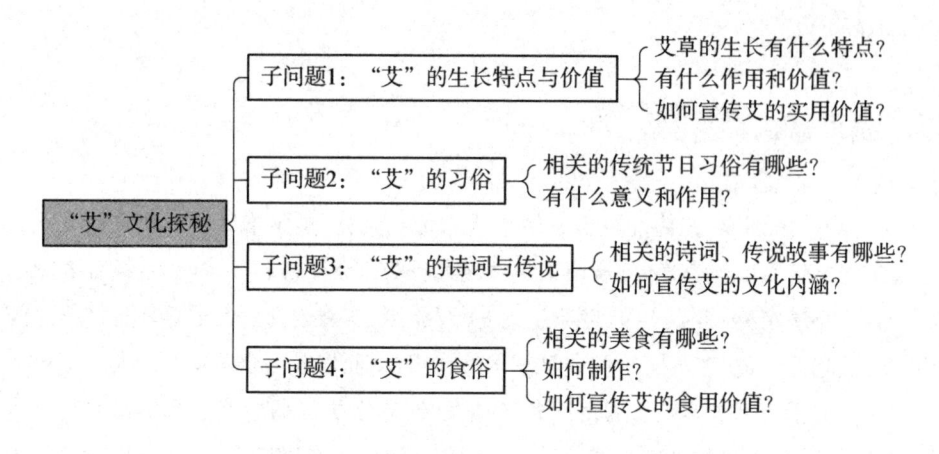

```
                     ┌─ 子问题1:"艾"的生长特点与价值 ─┤ 艾草的生长有什么特点?
                     │                              有什么作用和价值?
                     │                              如何宣传艾的实用价值?
                     │
                     ├─ 子问题2:"艾"的习俗 ─┤ 相关的传统节日习俗有哪些?
"艾"文化探秘 ────────┤                        有什么意义和作用?
                     │
                     ├─ 子问题3:"艾"的诗词与传说 ─┤ 相关的诗词、传说故事有哪些?
                     │                              如何宣传艾的文化内涵?
                     │
                     └─ 子问题4:"艾"的食俗 ─┤ 相关的美食有哪些?
                                              如何制作?
                                              如何宣传艾的食用价值?
```

图1-4-1 "探秘'艾'文化"项目结构图

六年级学生已经具备一定的调查能力、信息技术操作能力、手工创作能力以及诗词赏析水平,多数学生对综合实践有比较浓厚的兴趣,所以他们积极参与本次"艾"文化研究的全过程。从种植、养护到收割、宣传,无论是在课堂上还是走进艾草种植基地,全体学生都能在老师的组织下有序参与活动,分组合作,高效完成该项目的探究任务。

四 实施过程

本项目得到学校的充分支持和帮助,利用每周五生动智能课堂的时间常态化开展,并根据现实需要灵活使用学科课时。项目融合了综合实践、美术等多学科,在不同的课时内容开展过程中充分尊重学生主体地位,按照课程特质和规律组织课程实施。如在综合实践课堂上注重学生动手操作实践,在美术课堂上引导学生先观察后宣传的绘画艺术品制作,体现出语文学科重视学生的资料收集与整合能力、文学知识的背诵积累等。

(一) 准备阶段

1. 讨论调查,确定重点

在项目开始之初,学生根据生活经验展开讨论,分享已知的"艾"美食和想要了解的"艾"内容,在讨论中进行头脑风暴,扩充探秘"艾"文化的研究要点,丰富内涵。为了让更多同学对"艾"文化感兴趣,在信息老师的指导和帮助下,学生利用问卷星设计了调查问卷(见表1-4-1),了解更多同学对艾草的认识和感兴趣的地方。

表1-4-1 问卷调查表

第1题	你的班级_____?
第2题	你是哪里人?_____。
第3题	你知道艾叶吗? A. 知道　　　B. 不知道
第4题	你喜欢艾叶吗? A. 喜欢　　　B. 不喜欢
第5题	你知道艾叶有什么作用吗? _____
第6题	你知道有关艾叶的传统节日吗? A. 知道　　　B. 不知道
第7题	你知道哪些有关艾叶的传统节日? _____
第8题	你的家乡有没有有关艾叶的习俗? A. 有　　　　B. 不清楚
第9题	你的家乡有哪些有关艾叶的习俗? _____
第10题	你知不知道有关艾叶的传说故事? A. 知道　　　B. 不知道
第11题	你知道哪些有关艾叶的传说故事? _____

学生在父母的帮助下使用手机问卷星发布电子问卷。面向五年级的同学共收到了169份有效问卷,并对问卷调查结果进行了分类统计和分析。如图1-4-2和1-4-3所示,绝大部分同学知道艾草这种植物,并且喜欢它,但对艾草的了解并不多,主要知道它可以吃,有驱蚊的作用,但对艾草相关的习俗、传统节日和传说故事知之甚少。

同学们对艾草的印象

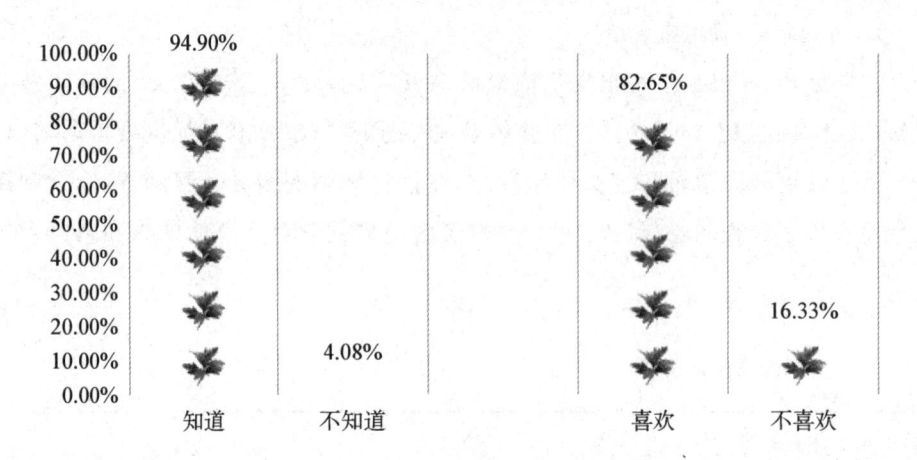

图 1-4-2　问卷调查 3、4 题调查结果

艾草知多少

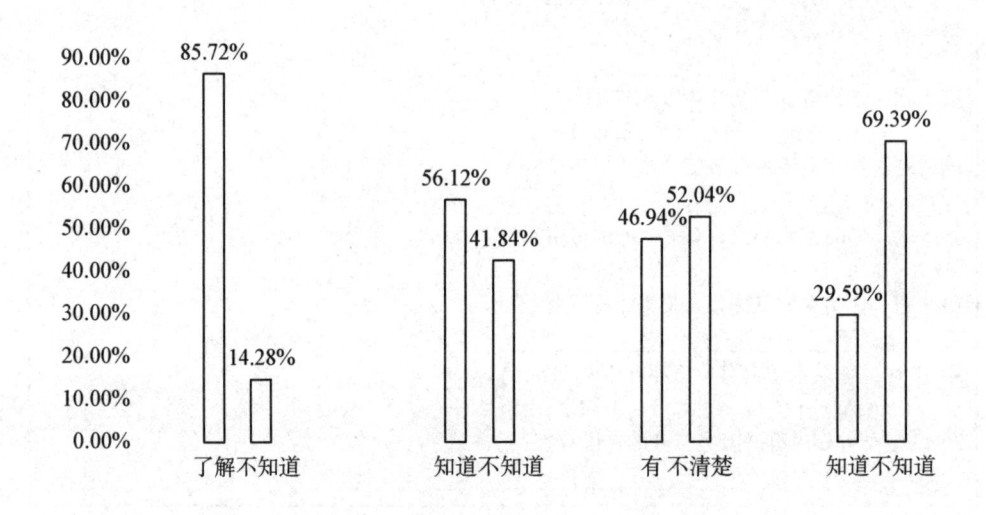

图 1-4-3　问卷调查 5、6、8、10 题调查结果

结合问卷结果和讨论,最终确定了以下四个子任务作为重点研究内容:①艾草的生长特点与价值。②艾草的习俗。③艾草的诗词与传说。④艾草的食俗。

2. 自由组团,做好准备

根据不同的兴趣、条件、能力等,学生自由组成研究小组,在组长的带领下讨论实践活动要注意的问题并制订计划。结合小组自主查找的资料和科学老师的讲授,了解艾草种植的诀窍、艾草观察的方法内容,为项目的实践做好前期准备。

(二) 实施阶段

子任务1.艾草的生长特点与价值。老师带领学生从室内到户外进行学习和实践。以学校菜园为实践基地,通过实践法在菜园进行翻土、撒种、移栽和浇水等,各小组轮流负责每周的浇灌、除草等种植任务;通过观察记录法给各阶段的艾草写生长日记,用相机、画笔等多种方式进行观察和记录;通过信息收集法了解艾草的作用和价值。学生不仅认识了艾草的生长特点,还总结出了"艾草精神"——适应性强,只要有阳光雨露就能向上生长的顽强精神。在亲近自然、亲自动手的过程中收获了积极、乐观、坚强的品质。

子任务2.有关艾草的习俗。这一任务中,各小组采用信息收集法、实践法等搜索跟艾草有关的节日习俗,了解到清明节、端午节等传统节日都有与"艾"相关的习俗,如吃艾粄、挂艾束等。在研究过程中,小组之间互相分享和学习,学会了制作PPT分享宣传与艾有关的节日风俗,发挥创意制作了宣传明信片。学生的动手能力以及与人沟通交往、协作能力都得到了提高。

子任务3.艾草的诗词与传说。本任务通过信息收集法、实践法等活动方法搜集了关于艾草的诗词与传说。通过PPT、诗歌朗诵和制作艾草创意画、艾草书签、配诗词明信片等形式进行小组分享交流,不仅深刻了解到从《诗经》时代就已出现的渊远流长的"艾"文化,从民俗古诗"无意争颜呈媚态,芳名自有庶民知"感受从古至今人们对艾这种植物的喜爱。

子任务4.艾草的食俗。在这一任务中各小组通过信息收集法、总结归纳法、实践法等活动方法了解了与艾草相关的美食种类,学习到艾美食的制作方法,以及制作相关的美食烹饪视频,不仅尝到了亲手做的美食,更进一步感受到艾草对人的身体大有裨益的价值。在研究过程中,学生都是以饱满的热情和积极主动的态度去克服困难、解决问题,真正经历了学习的过程,同时在动手实践中又学会了责任与担当,掌握了一定的生活技能。

(三) 总结宣传阶段

1. 成果汇总

在老师的指导下,各小组分工合作,将四个子任务的研究资料、成果汇编成《探秘客家美食中"艾"文化》报告册,打印研究过程中的照片,将探究过程中完成的手抄报、明信片、书签等资料汇总、完善;制作研究资料和成果的宣讲PPT。各小组对实践过程中的课程评价细则进行小结(见表1-4-2),并做总体评价(见表1-4-3)。

表1-4-2 课程评价细则

主要任务	详细描述(参照描述根据表现,用1—5分进行打分)	自评	小组互评	教师评价
艾草的种植	1. 能自觉参与艾草种植过程中的翻土、播种、浇水、灌溉、除草收割等劳动过程; 2. 能主动承担更多的劳动种植任务; 3. 在参与过程中能与同伴合作,共同协商解决遇到的困难。			
艾草的观察	1. 能自觉主动观察艾草的生长; 2. 能积极思考、总结艾草生长的特点。			
宣传方式	1. 能用多样化的形式对艾草的生长过程和特点进行记录,如绘画、拍照、视频、写日记等; 2. 宣传成果能准确清晰记录,表现艾草的生长过程与特点; 3. 能自然、大方、流畅地与同伴交流分享观察心得、宣传成果。			
艾草的资料搜集	1. 能主动搜索收集与艾草相关的故事、诗词文化、医用价值等资料; 2. 能与同伴分工合作,进行资料的归类、归纳和整理。			
艾草的文化宣传	1. 能与同伴进行头脑风暴,共同探讨宣传艾草文化的形式; 2. 能有创意地制作出宣传艾草文化的精美艺术作品; 3. 能主动参与年级艾草文化走廊的布置,并承担主讲人工作进行宣传。			
制作艾草美食	1. 能主动搜索艾草制成的美食种类,记录艾草的美食烹饪方法,并与同伴分享交流; 2. 能主动用艾草制作美食; 3. 能与同伴、家人分享美食,并获得他人好评。			
艾草食用价值宣传	1. 能用多媒体记录制作美食的过程,如清晰的照片、精美的视频等; 2. 能用多样化的宣传方式宣传艾草的使用价值,如美篇制作、微信朋友圈发布视频等。			

（续表）

主要任务	详细描述（参照描述根据表现，用1—5分进行打分）	自评	小组互评	教师评价
课程总结、宣传阶段	1. 能积极主动参与最后阶段的资料整理； 2. 能熟练地用电脑制作宣传PPT； 3. 能积极参与校本教材的编撰； 4. 能热情主动地与同伴合作到其他年级走廊布置成果漂流展； 5. 能自信大方地到其他年级教室进行宣传，并进行宣传答疑。			
总分				

表1-4-3 探秘"艾"文化项目评价表

评价要素	自评	同伴评
1. 形成了一定的查找、搜集、整理信息的能力。	☆☆☆☆☆	☆☆☆☆☆
2. 能将自己的研究成果通过不同的形式创造性地向大家展示。	☆☆☆☆☆	☆☆☆☆☆
3. 养成在生活中发现问题、处理问题的能力。	☆☆☆☆☆	☆☆☆☆☆
4. 能大胆地表达自己的观点，与他人交流，并能给予别人意见。	☆☆☆☆☆	☆☆☆☆☆
5. 通过实践活动，对所获得的成果有喜悦感、成就感，感受与他人协作交流的乐趣，学会欣赏别人。	☆☆☆☆☆	☆☆☆☆☆
总评		

2. 展示宣讲

项目研究成果进行了年级汇报宣讲和成果漂流展示。各小组制作联系函，征得各班主任同意，分别对问卷调查年级的5个班级进行项目成果分享，以报告册、PPT、视频等形式进行介绍，并对同学们提出的有关"艾"文化的问题进行答疑。项目成果形成的《探秘客家美食中"艾"文化》报告册和在研究过程中的小作文、手抄报、明信片、书签等成果在五年级各班进行漂流展示和走廊宣传角展示，影响辐射到多个年级。

五 项目成效

在本项目的实施中，学生的学习方式发生了变化，由被动接受变为主动地学习，知识、能力的习得主要靠学生自主进行的资料收集、实地观察和研究；学生的学习场所也发生了变化，不局限于教室，学习可能发生在宣传走廊的图书角，可能发生在过道的师生讨论中，可能发生在科学实验室、美术室等功能室，甚至发生在艾草种植的菜园里。同时，我们将学习从校内延伸到校外，学生在家庭中也延续着本项目的学习，尤其在艾美食制作的部分，学生主动查找制作青团、艾叶鸡蛋等不同艾美食的方法，并在家里自主尝试，同时录制视频作为教学资源，极大地丰富了课程资源，彰显本项目的生成效果。

（一）快乐体验，多彩收获

现代儿童心理学家让·皮亚杰提倡"玩中学"，让玩耍和学习有机结合，培养学生学习兴趣，从而提高学习效率，促进学习发展。本项目的开展与研究，需要学生到菜地种植和浇灌养护艾草的生长，学生充满兴趣和热情参与到这个亲近自然种植的实践过程当中。在此基础上进行其他任务的搜索资料、总结归纳、探讨研究等，小组之间相互分工合作，共同克服困难解决问题。艾草收割后进行美食制作，与家长和老师分享美食成果，获得家长老师的点赞。这个项目研究完毕后，学生不仅收获了亲手种植的艾草、许多富有创意的作品，更收获了宝贵的友谊和和谐的亲子关系。

（二）实践探究，提升素养

教育家陶行知先生认为要"做中学，学中做"。学生在运用多种多样的方式方法解决问题的过程中提高实践能力。在项目实施过程中，学生通过种植、观察发现总结出顽强的"艾草精神"，树立了积极、向上、乐观的信念，身心素养得到提升。在探究艾草节日习俗和诗词故事中了解中华民族的优良传统和伟大智慧，在制作创意艺术画、手抄报等成果时感悟艾草"无意争颜呈媚态，芳名自有庶民知"的美好品质，提升了审美能力和品德素养。学习利用收成去制作美食，不仅学会自主生活，更是对我们祖先的优良传统和智慧的继承，提升了生活能力。同时，利用网络媒介、PPT、问卷星等形式进行研究，提升了信息素养。

（三）多元评价，主动发展

"让每一个生命都精彩"是我校的教育理念，我校力求打造"生动"教育品牌，让每个孩子都能向阳生长。因此，在本次项目式学习的过程中，我们注重评价主体的多元化、评价方法的多样化、评价角度的多维化,将过程性评价与总结性评价相结合,让学生从不同角度、不同主体获得更多的成就体验。学生在项目探究中经历了从不懂、不了解到知道、了解、学会甚至宣传分享的过程,知识的丰盈和体验的丰富让学生提高了自我评价,从而深受鼓舞,这种正向的自我认识又反作用于其他学习和生活行为表现,进一步促进了学生的进步和成长。

(四) 以小见大,弘扬文化

本次项目是抓住客家人生活中常见的艾草入手,选题切入口小,贴近学生生活。通过探究传统节日中跟艾有关的习俗,了解到古人将艾用在生活的许多方面,这些活动反映了中华民族的优良传统和伟大智慧,也寄托着人们向往幸福生活的美好愿望。所以,了解"艾"文化,更是了解背后的民族传统文化,加深学生对传统节日文化氛围和习俗的感受,增强学生对民族传统文化的探究兴趣。

(撰稿者:深圳市坪山区碧岭实验学校　魏欢欢,黄奕敏,苏红梅)

第二章

问题聚焦:跨学科学习是主题性学习

　　主题是跨学科学习的灵魂,跨学科学习不是漫无目的的跨越,而是有主题的、围绕主题的、符合主题特征的跨越。跨学科学习打破学科界限,围绕一个主题展开,在主题统领下整合学科核心素养,在解决真实问题中培养学生综合素质、促进其人格发展,且具备能够吸引学生、相关性强、目的明确、具有整合性与情境化等基本特征。主题是引领跨学科学习的组织中心。

主题是跨学科学习的灵魂,跨学科学习不是漫无目的地跨越,而是在主题统领下有的放矢地践行。

跨学科学习是有主题的学习。主题式教学实践的雏形是1931年由美国芝加哥大学莫里逊教授所提倡的让学生一段时间内学习一种教材或解决一个问题,以促进其人格发展的学习教学法。[①] 20世纪50年代,主题式教学理念在美国发展起来。1955年,美国学者哈纳首次在《小学单元教学》中将"主题教学"界定为聚焦于对某一具有社会意义的课题的理解而展开的有目的的学习实践。[②] 20世纪80年代,甘伯格和欧雷姆等学者继续深化主题式教学的内涵,认为:"主题教学是一种以学生为中心的,强调通过广泛的主题探究而非拘泥于某一学科领域来运作的教学模式。"[③]跨学科学习正是在主题式学习的基础上打破学科界限,在主题统领下整合学科核心素养,在解决真实问题中培养学生综合素质、促进其人格发展的学习。需要明确的是,主题的确定与所跨学科都是建立在某一具有社会意义的真实情境中,其目的是解决一个真实的问题。不同于传统的分学科授课模式,在跨学科学习的过程中,学生是实践探究的主体。

跨学科学习主题的确定需要结合学习目标进行选择。首先,需要明确想要通过跨学科学习达到什么目标,实现哪些跨学科素养,例如创新能力、思维发展、问题解决能力等。再根据学习目标选择主题领域,主题领域可以是科学、历史、文学、艺术、数学等,也可以是具体的实际问题,如气候变化、人工智能等。选定主题领域后,进一步识别与之相关的多个学科。例如,如果主题是环境问题,可以关联科学、数学等学科。最

---

① 高嵩,陈晓端. 论当代主题式教学中的课程知识整合[J]. 课程·教材·教法,2020,40(5):79—86.
② Hanna, L. A. Unit Teaching in the Elementary School [M]. New York: Rinehart, 1995: 177-183.
③ Camberg, R. & Others, A. Learning and Loving It: Theme Studies in the Classroom [M]. New Hampshire: Heinemann, 1988:102.

后找到不同学科之间的共同点或整合点,这是实现跨学科学习的关键,也是主题最终确立的重要依据。

跨学科学习是围绕主题的学习。主题是引领跨学科学习的组织中心,指要点、中心思想或主要观点,它表明学习的关键内容,是将分散的信息整合到一起的"黏合剂"。① 跨学科学习是围绕主题推进的,基于跨学科学习的主题统筹性,在确定主题时需要综合考虑实际学情。所选择的主题应当建立在真实情境中,是学生所熟悉的,能引导学生关注自然、社会与生活的。同时,这一主题引领下的实践探究应当基于学生所具备的学科知识,让学生得以在实践探究的过程中对所学知识综合运用。

在具体推进过程中,首先要明确跨学科学习的目的,且目的与所选择的主题密切相关,再根据学习目的制定合适的学习计划和评估标准。制订学习计划时,应当围绕主题整合课程资源,尤其应当注重跨学科内容的整合,打破学科界限,发掘学科之间的内在关联。教学方式上,应根据主题采用合适的、多元化的、能够激发学生兴趣的教学方法,如案例分析、实地探访、角色扮演等,以激发学生探究实践的兴趣和主动性。还可以利用虚拟仿真实验、人工智能等信息技术手段,为学生提供与主题相关的丰富学习资源和互动体验。最后,要根据跨学科学习主题建立科学的评价体系,基于跨学科学习的特点,关注学生的实际应用能力和综合素质的评价,采用多种评价方式推进跨学科学习的关键环节,定期对学生的学习情况进行反馈与指导。

跨学科学习是符合主题特征的学习。主题的基本特征在于其能够吸引学生、相关性强、目的明确、整合性与情境化。② 在跨学科学习主题的选取过程中,就体现出了"吸引学生"这一特点,既要参考课程标准及学科核心素养,也要考虑学生的需求及兴趣,能够吸引学生积极、主动地参与到探究学习中。同时,由于在跨学科学习中不同学科的知识与生活密切相关,因而在实施过程中需要加强学校与社会的联系,了解社会需求和科技发展趋势,及时调整跨学科学习的方向和内容。学校可以尝试与企业、科研机构等单位建立合作关系,为学生提供实践机会。跨学科学习目的明确,且具有整合性与情境化的特征,学生在整合性较强的真实情境中进行实践探究,培养综合运用多学科知识解决问题的能力。跨学科学习的不同学科不是简单地围绕着一个主题排

---

① 罗伯特,克洛夫.跨学科主题单元教学指南[M].李亦菲,等,译.北京:中国轻工业出版社,2005:11.
② 罗宾.福格蒂,朱迪.斯托尔.多元智能与课程整合[M].郅庭瑾,主译.北京:教育科学出版社,2001:101.

列,而是通过问题、概念、成果联系在一起的。[①] 本章节《校园零废弃》这一案例以"蒲公英计划"为背景,培养学生从身边做起,养成垃圾分类的习惯;《校园植物档案》结合学校自然环境,引导学生围绕"给植物建立专属档案"进行跨学科学习;《春天与诗相约》《古诗谱新韵》及《龙娃巧吟诵》三个案例以古诗词为核心创设情境,通过多种形式开展跨学科诗词教学,引导学生传承中国传统文化。上述跨学科案例均是在主题统领下引导学生在整合性强的真实情境中进行实践探究,符合主题的基本特征。

(撰稿者:东北师范大学深圳坪山实验学校 季雅瑄)

[①] 夏雪梅.跨学科项目化学习:内涵、设计逻辑与实践原型[J].课程·教材·教法,2022,42(10):78—84.

创意 2-1　校园零废弃

一　项目背景

《义务教育课程方案(2022年版)》指出：应加强课程内容与学生经验、社会生活的联系，强化学科内知识整合，统筹设计综合课程和跨学科主题学习，注重培养学生在真实情境中综合运用知识解决问题的能力。深圳市广泛推行蒲公英计划，助推垃圾分类进千家万户。各个小区和街道在落实垃圾分类工作中，为了提高垃圾分类推进效果，从校园垃圾分类教育抓起，培育小小蒲公英，播撒文明的种子，共创美好生活。

"校园零废弃"的项目式学习活动，将"垃圾零废弃"的环保教育落实到课堂中，通过问卷与实地调查、资料收集、分析研究、动手设计垃圾分类化、减量化、资源化的学习和实践方案，最终帮助学生构建绿色、低碳、环保的理念，并将垃圾分类与减量的知识转化为实际行动，影响更多的人成为垃圾分类的参与者、实践者和推广者。

该项目实施对象为我校小学部四年级的全体学生，在课时及进度安排方面，计划安排8课时完成，每课时40分钟，并根据学生的进展情况进行适当调整。

二　项目目标

(1) 以"零废弃"理念为原则，了解零废弃活动的由来和使命，思考、实践如何从源头减少废弃物，如何提高资源利用率，如何提高垃圾分类回收的效率。

(2) 构建环保的理念，学习垃圾分类与减量的知识，并将其转化为实际行动，影响更多的人成为垃圾分类的参与者、实践者和推广者。

(3) 通过设计思维方法和工具，发现生活中的问题，并创新地解决问题，锻炼探究能力，增强团队精神和合作意识。

三 项目内容

本项目分为四个阶段,分别是启动与准备,调查与研究,方案设计与实施,展示、宣传与评价(如图 2-1-1)。

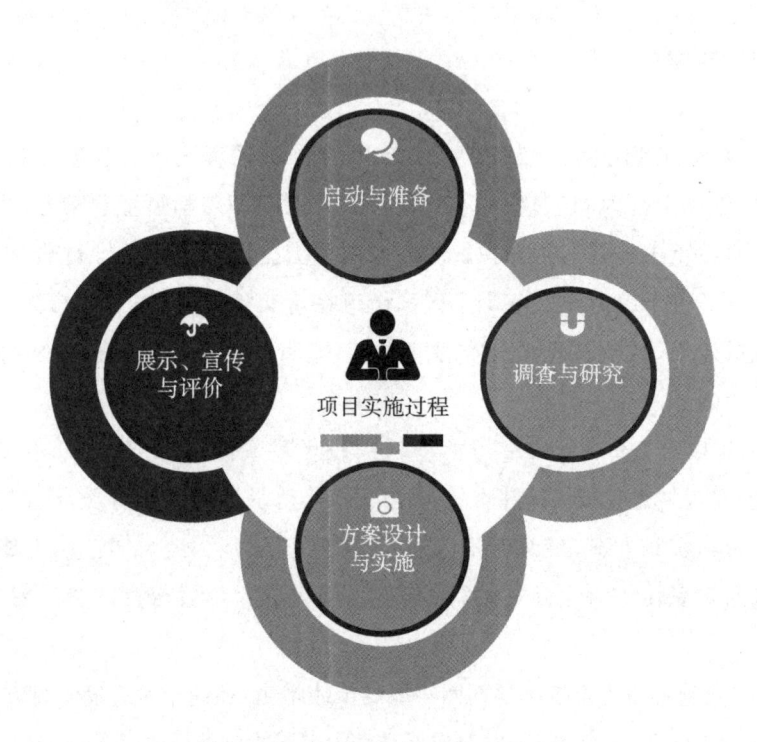

图 2-1-1 "校园零废弃"项目结构图

第一阶段是启动与准备。在这个阶段,教师向学生介绍项目背景和目标,引导学生理解"零废弃"理念。同时组织学生分组,确保每个小组都有良好的团队协作氛围。这一阶段旨在让学生对项目有一个全面的了解,明确自己的责任和目标。

第二阶段是调查与研究。在这个阶段,学生首先要设计一份关于校园垃圾来源的调查问卷,然后通过访谈、记录、拍照等形式开展实地调查活动。调查结束后,学生以展板、海报、解说等形式公布调查结果,并接受教师和其他项目组同学的点评。

第三阶段是方案设计与实施。在这个阶段,学生要思考如何将校园内的废弃物重新利用,通过头脑风暴提出各种废弃物变废为宝的方法,并利用合适的材料进行物理模型的呈现,实现废弃物的华丽转身。最后,学生要以小组为单位展示作品,小组代表进行介绍,教师和其他项目组同学进行提问及点评。

第四阶段是项目展示、宣传与评价。在这个阶段,学生播放深圳市垃圾分类科普小视频,展示践行垃圾分类、变废为宝的过程资料。最后,师生对本次项目学习进行评价,总结项目成果。

通过以上四个阶段的实施,我们希望学生能够深入了解"零废弃"理念,将垃圾分类与减量的知识转化为实际行动,成为垃圾分类的参与者、实践者和推广者。同时,希望本次项目式学习活动能锻炼学生的探究能力,增强团队精神和合作意识,培养他们的创新思维。在我国积极推进垃圾分类的背景下,让学生从小养成良好的环保意识,这对我们共同呵护地球家园具有重要意义。据此制定各阶段学习任务分解表(见表2-1-1)。

表2-1-1 学习任务分解表

阶段	主题	具体内容	课时
第一阶段	启动与准备	教师向学生介绍项目背景和目标,引导学生理解"零废弃"理念;组织学生分组,确保每个小组都有良好的团队协作氛围。	1
第二阶段	调查与研究	如何开展校园"零废弃"调查?引导学生设计一份有关校园垃圾来源的调查问卷。	1
		校园零废弃有哪些要解决的问题?围绕设计的调查问卷,通过访谈、记录、拍照等形式开展实地调查活动。	1
		怎样公布"零废弃"调查结果?以展板、海报、解说等形式对调查结果进行公布,指导教师及其他项目组同学进行点评。	1
第三阶段	方案设计与实施	如何将校园内的废弃物重新利用?通过头脑风暴,回忆或思考各种废弃物变废为宝的方法。	1
		怎样华丽大变身?选用合适的材料将构思的方案进行物理模型的呈现,实现废弃物的华丽转身。	2
		展示、交流、评价,学生以小组为单位展示作品,小组代表进行介绍,指导教师及其他项目组同学进行提问及点评。	1
第四阶段	项目展示、宣传与评价	播放深圳市垃圾分类科普小视频;学生展示践行垃圾分类、变废为宝的过程;师生对本次项目学习进行评价。	1

四 实施过程

在项目实施过程中,教师将引导学生逐步完成各个板块的学习任务。通过调查问卷、实地考察、头脑风暴、动手实践、成果展示等环节,让学生深入了解垃圾分类的重要性,从而将零废弃理念融入日常生活。具体实施步骤如下。

(一) 第一阶段:启动与准备

在此阶段,教师向学生介绍项目背景和目标,引导学生理解"零废弃"理念,并激发他们对项目的兴趣和参与热情。同时,教师组织学生分组,确保每个小组都有良好的团队协作氛围。这一阶段的目的是让学生对项目有全面的了解,培养他们的环保意识,激发他们的参与热情,并为他们提供良好的团队协作环境。

(二) 第二阶段:调查与研究

学生通过设计调查问卷、实地调查、访谈等方式,深入了解校园垃圾的来源、分类现状以及存在的问题。在此基础上,学生分析调查结果,为后续的解决方案提供依据。这一阶段的目的是让学生掌握校园垃圾的实际情况,从而更好地为解决方案提供依据。

驱动任务:如何从源头避免垃圾的产生及浪费?

问题1:如何开展校园"零废弃"调查?

(1) 情景创设:我们每天清晨进入校园,开启一天的学习生活,在教室、操场、餐厅……会产生不同的垃圾,请从"所看、所听、所想、所说"四个方面找一找校园废弃物。

(2) 重点调查内容建议:

① 观察(看):教室内会有哪些废弃物?

操场上会有哪些废弃物?

餐盘、饭盒内是否有剩饭,量多吗?

校园内还有哪些地方会产生废弃物?

② 询问(问):同学们对废弃物的看法。

老师对废弃物的看法。

大家是如何处理废弃物的?会分类吗?

③ 感受(想):怎样避免产生废弃物?

　　　　如何更好地处理废弃物?

　　　　怎样做才能更好地保护环境?

　④ 行动(说):废弃的物品一定是垃圾吗?

　　　　你是怎样进行废弃物分类的?

　　　　食物如何才能做到零废弃呢?

问题2:校园"零废弃"需要解决的问题有哪些?

教师引导:在项目式学习过程中,引导学生用设计思维工具——同理心地图,以小组为单位,围绕设计的调查问卷展开实地调查,从"所看、所问、所想、所说"四个方面进行真实访谈、记录、拍照等,引导学生亲身调查体悟。

同理心地图操作步骤:

(1) 绘制模板:准备一张A4纸,用记号笔划分成四个区域(看、问、想、说)。

(2) 填写调研内容:将调研内容用简短的话写在便利贴上,并粘贴到相应区域模块。

(3) 归类与思考:将意思相同或相近的便利贴放在一起,组员相互交流"校园废弃物"存在的问题,并说一说有哪些更好的解决办法(如下图2-1-2)。

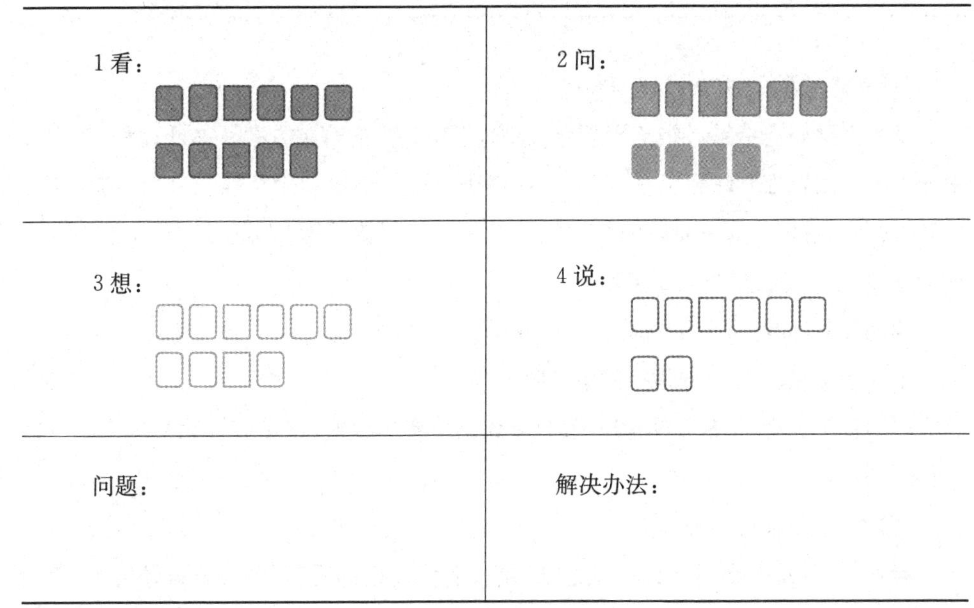

1 看: ■■■■■■ ■■■■■	2 问: ■■■■■■ ■■■■
3 想: □□□□□ □□□	4 说: □□□□□ □□
问题:	解决办法:

图 2-1-2　同理心地图

问题3:怎样公布"零废弃"调查结果?

教师引导:发布会可以邀请其他班级同学、任课教师以及家长共同参与。调查结果通过展板、海报、解说等形式进行直观呈现。指导教师及其他项目组同学进行小组合作评价(见表2-1-2)。

表2-1-2 小组合作评价表

评价维度	待提升	良好	优秀
小组合作	组员没进行沟通,无所作为。	组员能够聚焦主题进行讨论,并形成观点。	组员针对问题激烈讨论,分工明确,达成共识,形成材料汇总表。
资料分析	盲目检索信息,未提取关键点。	有效收集信息,基本找到不同事物之间的联系。	多渠道检索、分析并梳理有效信息,高质量完成废弃物材料表。
表格设计	没有设计或设计不美观,书写潦草。	表格完整,设计整体较美观,书写较整洁。	表格设计美观大方,书写干净整洁。
评价留言	自评:	小组互评:	教师评:

(三) 第三阶段:方案设计与实施

学生根据调查结果,结合"零废弃"理念,提出具体的解决方案。在此过程中,教师引导学生运用思维方法和工具,创新性地解决问题。学生动手实践,将废弃物变废为宝,实现环保目标。这一阶段的目的是培养学生的创新思维和实践能力,让他们真正体会到"零废弃"理念的实际意义。

驱动任务:如何将校园内的废弃物重新利用?

子问题1:你的废弃物是我的宝贝吗?

(1) 情景创设:世界上没有垃圾,只有放错位置的宝藏,展示废弃物变为艺术品的实例与图片。

(2) 学生头脑风暴

操作步骤:每个小组推选一位组长,组长明确讨论的问题,并准备好便笺纸、笔等材料;组织小组成员分享交流,自行尝试将各类生活垃圾变废为宝,在便笺纸上写下自己的观点,每张便笺纸上写一个观点,形成尽可能多的观点;将所有观点进行统计与归类,看谁的创意最好。

子问题 2:怎样华丽大变身呢?

(1)教师引导:只要创意好,废品能变宝。废弃物里也蕴含着具有无限可能性的价值。如果你能带着兴趣、充分发挥聪明才智与想象力,废弃物也可以变身为可以再利用的产品,甚至可能成为艺术品。

(2)以小组为单位,用纸和笔绘制草图。

(3)根据需要,选择材料。教师预先准备形式多样的材料,如:卡纸、瓦楞纸、笔、书、牛奶盒、树枝、笔芯、纸筒、树叶、布料、塑料瓶、瓶盖、塑料袋、包装纸、礼品盒、木条……

(4)变废为宝。将构思的草图用选用的材料进行物理模型呈现,并实现废弃物的华丽转身。

(5)班级分享废弃物的创新转化成果并进行评价(见表2-1-3)。

表 2-1-3 班级作品评价

评价维度	待提升	良好	优秀
草图设计	构图随意,画面简单粗糙。	结构基本完整,尺寸比例较规范,造型较美观。	设计精美,结构完整,尺寸合理,造型美观大方。
模型制作	结构不完整,材料选择单一,与设计草图不一致。	结构基本完整,材料多样,与设计草图基本一致。	结构科学合理,材料选择恰到好处,与设计草图高度吻合。
创意	作品主题不明确,外观视觉单一。	作品主题明确,外观视觉较好,有一定的创意。	作品独特新颖,元素丰富吸引力强,可预见的实用性强。
评价留言	自评:	小组互评:	教师评:

(四)第四阶段:项目展示、宣传与评价

学生以小组为单位,展示项目成果,包括调查报告、实践成果等。其他小组和学生对展示成果进行提问和点评,从而提高学生的表达能力和批判性思维。同时,教师对学生的项目表现进行评价,总结项目成果。这一阶段的目的是培养学生的表达能力和批判性思维,以及对项目成果进行总结和反思的能力。

(1) 观看深圳市垃圾分类科普短视频,宣传垃圾分类的意义与方法。使学生学会正确投放,提升生活垃圾的无害化处理水平;通过变废为宝,提升生活垃圾的减量化、资源化。

(2) 学生展示践行垃圾分类、变废为宝的过程性资料。例如制作垃圾分类宣传手抄报与宣传册、厨余垃圾定点投放打卡、做社区垃圾分类志愿督导员、学唱歌曲《飞吧,蒲公英》,举办变废为宝作品展等,用行动呼吁更多的蒲公英加入"蒲公英计划"。

(3) 师生对本次项目学习进行总结性评价(见表2-1-4)。

表2-1-4 总结性评价表

评价维度	评价指标	待提升	良好	优秀
项目学习精神状态	是否能做到积极举手、大胆发言。			
	是否有浓厚的项目学习兴趣和热情。			
项目学习参与程度	是否善于倾听,并在倾听后评价他人发言。			
	是否善于思考,能提出问题和解决问题,表达自己独特的见解。			
	是否积极学习,在项目活动过程中,主动参与动手操作、合作学习、自主探究等环节。			
项目学习参与效果	是否习得相关知识。			
	是否掌握了相关技能。			
	是否能和小组成员一起制作出作品。			
	是否能够对自己的作品进行适当评价。			
评价留言	自评:	小组互评:	教师评:	

五 项目成效

本项目将"垃圾零废弃"的环保理念带到课堂中,让学生通过问卷与实地调查、资料收集、分析研究,动手设计垃圾分类化、减量化、资源化的学习和实践方案,最终帮助学生构建绿色、低碳、环保的理念,并将垃圾分类与减量的知识转化为实际行动,影响更多人成为垃圾分类的参与者、实践者和推广者。培养了学生提出科学问题,收集和处理信息,获取新知识,分析、交流与合作以及问题解决的能力。此外,还具有以下特点:

(1) 跨学科整合提高了学生运用多学科知识解决问题的能力。通过此次项目式学习的开展,同学们综合运用科学、技术、数学、艺术等学科知识,制作"零废弃"作品:利用身边的废弃物制作各种艺术作品及实用小物件,并且为其绘制可爱、生动的外观;对回收的果皮、落叶进行环保酵素的制作探究;设计智能分类垃圾桶,开展垃圾分类以及零废弃宣讲等活动。通过各种各样的探究、实践活动,学生深刻了解了垃圾分类相关知识,逐步形成了垃圾分类与可持续发展意识,同时也让项目式学习方式与问题解决思维在孩子们心中生根发芽,帮助他们解决更多生活中的问题。

(2) 以学生为主体开展活动。从老师教、学生学的传统方式转变为以学生为主体的教学方式,更能体现学生自主探究的过程,激发学生的高阶思维,培养学生独立思考、勇于探究、团结协作的良好学习品质。学生们在项目实施中不仅收获了课堂知识,也锻炼了动手实践能力、资料分析能力、团队合作能力、批判思维等,真正实现了在做中学。

(3) 本次项目式学习采用多维评价模式,自评、小组互评与教师评价相结合,既有过程性评价,也有终结性评价。让学生的考核更加真实、客观、有效。这种学习评价不仅仅关注学习结果,更注重学习过程,因此更能提高学生的主观能动性,激发学生学习的热情。

总之,本项目以"零废弃"理念为核心,通过四个阶段的实施,引导学生从认识、实践、创新到反思,全面体验环保的重要性。希望能够激发更多学生关注环保问题,积极参与垃圾分类,成为垃圾分类的小小蒲公英,在社会实践中传播环保理念,推动更多人参与到垃圾分类行动中来,让零废弃成为一种生活态度。

(撰稿者:深圳市坪山区碧岭实验学校 张云)

创意 2-2　校园植物档案

一　项目背景

《义务教育科学课程标准(2022年版)》提出学生的学习过程应该以探究学习的方式进行,倡导发挥学生的主体性,实现知识意义的建构,使学习更加有效。本校校园占地面积较大,校园生态环境较好,有生物园、草场等,在建校 20 多年中稳定的自然环境给很多生物提供了良好的生存环境,也为校园增添了很多生机。在日常教学中,教师常常以校园植物作为上课素材带领学生进行观察和学习,但由于植物丰富多样,学生很多时候无法全面了解。本项目为校园植物建立专属档案并挂牌,为学生创建更好地认识校园植物的环境。

"校园植物档案"项目参与对象主要是四、五年级学生,活动时长为一年。本活动为校园植物量身定制名片,让校内外人员能够认识校园植物,增加对校园植物的喜爱之情。项目采取跨学科学习的形式,引导学生科学观察、认识植物,了解植物的结构与功能,制作植物档案,并将制作出来的植物档案以更加丰富的形式介绍给希望了解校园植物的同学与朋友,同时通过科学、美术、语文、英语等学科知识对植物进行更加全面的介绍,让每个植物拥有自己独特的名片。

二　项目目标

(1)通过对植物知识理论的学习、设想、绘图、制作、反思、改进、展示、交流等一系列活动,学会自主学习探究,提升发现问题、分析问题和解决问题的能力。

(2)通过了解植物的线条美等外形特点,学会欣赏植物的美,并能够创造美。

(3)通过对植物相关古诗词、植物外形特点的学习,更好地宣传有关植物的知识,增强自身的语言表达能力、文化理解与传承能力以及思维能力。

(4)知道植物每个部分的英文表达,并能用英文向同学介绍植物,增强语言表达能力和文化意识。

三 项目内容

本项目分为认识植物档案、鉴赏校园植物、校园植物制作活动、制作植物档案 4 个板块(见图 2-2-1)。

认识植物档案
认识校园植物档案的基本组成

鉴赏校园植物
1. 实地观察校园植物
2. 生成自然笔记
3. 测量标记植物特征和地点

制作植物档案
总结活动,提炼内容

校园植物制作活动
1. 制作植物专属热缩片
2. 校园植物的专属诗句
3. 树叶书签制作

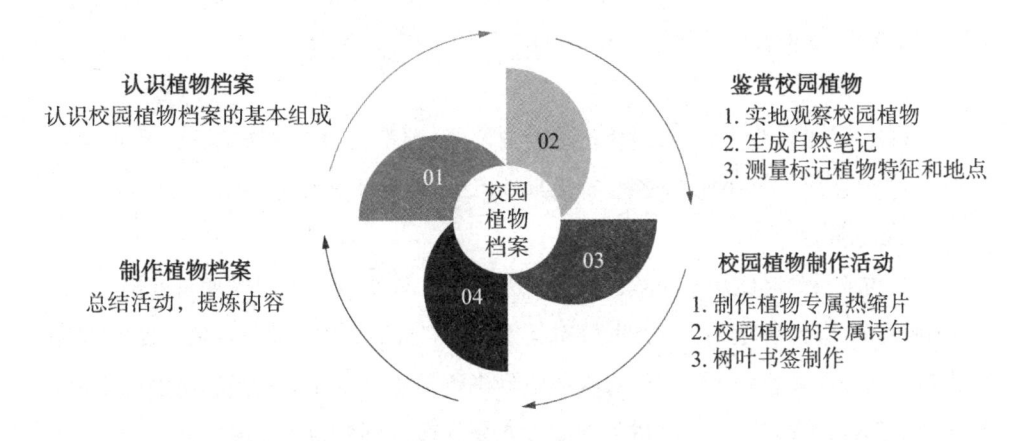

图 2-2-1 《校园植物档案》项目内容板块

板块一:认识植物档案。同学们在老师的指导下认识植物档案的组成及意义。

板块二:鉴赏校园植物。该板块涵盖的内容较多,主要有实地观察校园植物、生成自然笔记及测量标记植物的特征和地点。这一板块主要以小组合作的方式引导学生对校园植物进行实地考察,并用自己擅长的方式把对植物的观察记录下来。

板块三:校园植物制作活动。主要是制作植物专属热缩片、撰写校园植物的专属诗句、制作树叶书签等。在这一板块的活动中学生能够更好地将自己对植物的认识通过各种方式展现出来。

板块四:制作植物档案。主要是总结梳理、提炼植物的档案内容并且进行挂牌活动。

四 实施过程

本项目主要是围绕校园植物档案生成进行的活动,分为前期准备阶段、项目方案确定阶段和项目实施阶段。

(一) 前期准备阶段

1. 理论知识准备

学习认识校园植物需要扎实的科学知识，数据采集和分析需要数学知识，观察植物并绘制植物外形特点需要美术知识，展示和交流需要运用语文知识。这是一门STEAM课程，需要教师重新整合知识，也需要学生创造、学习。

2. 学生准备

全班每4—6人为一组，每组成员里要有科学、数学、美术、语文基础较好的成员，同时，组内还需要有动手能力较强、有批判性思维、团队合作意识强的成员。

3. 问题驱动

在参与项目的时候从不同学科的角度出发提出问题，例如从科学的角度出发提出"校园植物的品种、属性、生活习性、分布是怎样的？"从语文学科的角度出发提出"有哪些古诗词与校园植物相关？如何对这些植物进行描述会更加形象？"从美术角度出发提出"如何表现校园植物树叶、树干的纹理？如何通过再次创作体现植物的魅力？"从英语的角度出发提出"校园植物的英文单词是怎样的？"

4. 理论知识的学习

在学习观察校园植物之前，学生必须了解观察植物的工具和方法，系统学习关于植物的理论知识，比如草本植物、木本植物、寄生植物等。学生通过阅读植物相关书籍增长对植物的认识，并在系统学习观察植物的方式和方法后，学习制作植物标本、保存植物的方法，学会观察校园地图，理解地图位置和运用简单图例进行表达。在了解校园植物后，学生根据自己对于植物的认识，通过诗词来表达植物中蕴含的人文思想。

(二) 项目方案确定阶段

学生小组合作，制定项目设计方案，明确项目实施的流程及组内成员的分工；组内成员共同商议观察校园植物的方式方法等问题，绘制部分校园植物的外观图，完成校园植物的相关作品。具体按照以下思路进行：通过网络学习和图书馆学习明确植物档案是怎样的，包括哪些内容；了解校园中有哪些植物品种，具有怎样的外观，并给植物编号、登记，描绘校园植物分布地图；编制植物档案，分工合作查找资料、编写文字、制作标本、绘制插图并制定项目计划表。

(三) 项目实施阶段

根据确定的方案进行校园植物的观察和学习,在教师指导下按照区域、种类进行观察,最终为植物制作专属档案。以下是案例的部分活动内容。

1. 植物档案是什么

首先由教师播放校园中各种各样的植物图片,了解学生对于校园植物的认识程度;再引导学生进行讨论和回答;最后小组成员讨论最想了解校园中植物的什么内容,如植物开花结果的时间,植物的根、茎、叶、花、果实等特点。

2. 了解什么是植物档案

为了让学校的学弟学妹们更好地了解校园植物,我们可以建立植物名片——植物档案。

教师提出驱动性问题:什么是植物档案?

首先小组内的学生讨论植物档案应该由哪些部分组成;接着教师展示植物档案的照片,学生进行观察学习后,再次讨论植物档案应该由哪些部分组成;最后学生总结得出植物档案应有植物的外观、学名、属性、开花结果的时间等。

3. 了解自然笔记与绘画

课程开始先进行简单的树叶分组破冰游戏,拉近学生们的距离。同时引导学生思考:你知道我们学校有多少种植物吗?现在最多的植物是什么?这些植物都出现在哪里呢?

经过一系列的讨论引导,学生想出制作一个类似游乐园的地图手册,采用中英双语的文字叙述,让校外访客更加了解校园植物。再由老师讲解如何运用自然笔记进行绘图记录,将项目与多学科(艺术、英语运用)融合,达到提升学生综合素养的目的。

具体学习过程:首先由教师课堂讲解自然笔记的制作目的和方法,介绍自然笔记的书籍资料,让学生欣赏书本上制作的精美自然笔记,养成观察学校环境的好习惯。然后准备好相应的制作材料和人员分组;接着采用拓印、现场临摹、采摘回来后临摹外轮廓等方式进行自然笔记绘制,并在绘制后回家查找资料,使笔记内容更详细。小组完成后及时进行分享,交流彼此的经验与得失,对每一次活动进行总结。

4. 植物标本采集与制作

拓展学生进行生物观察记录的方式方法,运用植物标本等多种记录方式让学生保存观察的材料,更加细致地画出自然笔记。同时学生需要经常到户外进行课堂学习,在户外课堂上必须普及安全活动细则,统一划区域行动,以小组为单位互相帮助、互相交流,形成良好的学习氛围。

具体采集与制作过程如下:首先学习在户外环境中的采集知识和安全守则,注重同伴团结互助。然后在老师的指导下学会简单的压制制作标本法以及叶脉处理法,将之进行自然笔记记录,回家查找资料详细了解。接着采集相应的鸟巢或者昆虫标本进行基本处理,学会运用物品收集盒子,形成收集自然标本的习惯。最后小组完成后及时进行分享,总结交流彼此的经验及得失。

5. 校园地图收集

整理校园平面图,帮助学生进行简单的校园地理位置解读,学会运用一定的地图图例进行标记,为接下来的活动做好准备。在绘制自然笔记的同时观察植物的地理位置,学会更好地记录。

校园地图收集流程:教师打印出校园平面图,学生学会辨别地理位置;准备好相应的制作材料和人员分组;实地探究,以调查不同位置的主要植物——木棉树和芒果树作为课堂案例进行练习;小组完成后及时进行分享,总结交流彼此的经验及得失。

6. 野外探险大搜查

准备之前学习的所有知识,进行户外探究活动,划定活动区域,带领和指导学生寻找探究校园植物,绘制自然笔记,并且记录在各自的地图上,形成初步信息。教会孩子们必备的探究技巧。

具体学习方法如下:在校园中进行户外学习,运用自然笔记和平面地图进行制作学习;学生以自己的方式进行制作,相互交流美术绘画的知识和技巧;小组完成后及时进行分享,总结交流彼此的经验及得失。

7. 植物激发灵感,齐心共同创作

在校园植物的观察过程中,根据实际情况不断调整,提高项目内容的多元性和创造性;学生在对校园植物的研究过程中也以跨学科的形式对校园植物进行实物作品的创作,既增加了对植物的深入认识,同时也将美术、语文、数学等学科的知识融会贯通,提升了自身的综合能力。

(四)项目成果展示阶段

在校园植物项目式学习过程中,学生展示自己观察校园植物的植物贴画、自制叶脉书签,交流讨论自然笔记绘制心得,并在这个过程中综合运用数学、美术、语文等学科知识展示植物各方面的特点。最后小组学生通过组内评价、组与组之间互评、教师评价等方式提升对自己活动表现的认识,同时获得知识的增长。这一过程更看重的是学生在活动过程中的经验分享与团队合作,有利于其他学生吸取经验教训,共同进步。

(五) 项目评价阶段

项目的成果主要是校园植物档案:校园植物标本贴画、自然笔记、叶脉书签、植物热缩片等。

本次项目式学习评价贯穿活动始终,注重学生主体参与实践的过程及在这一过程中所表现出来的积极性、合作性、操作能力和创新性,以形成性、发展性评价为主,强调评价主体多元化、评价维度多样化、评价内容全面化,既对学生的学习效果进行诊断,给出中肯建议,又有利于激励学生,形成正确的学习导向。(如下表2-2-1)

表2-2-1 校园植物档案评价表

项目	评价内容	自评(10分)	他评(10分)	师评(10分)
科学素养	对校园植物有较全面的认识,能够很好地对校园植物进行介绍,掌握了标本、自然笔记、拓印等科学知识。			
美术素养	通过了解植物的线条美及描绘植物的外形特点,增加欣赏美、创造美的能力。			
语文素养	通过对植物相关古诗词、植物外形特点的学习,更好地宣传植物的知识,增强自身的语言建构能力、文化理解与传承能力以及思维能力。			
英语素养	知道植物每个部分的英文表达,并能用英文向同学介绍植物,增强语言表达能力和文化意识。			
学习素养	在项目学习过程中,增强问题意识、问题解决能力和小组合作意识。			

五 项目成效

在该项目的实施过程中,学生对校园植物的探究热情被激发,探索过程中形成了更加科学系统的学习方法,对小组合作模式有了进一步认识,同时也极大地鼓励了其他年级的学生深入了解校园植物的知识。

(1)项目式学习活动课程《校园植物档案》充分展现了学生对植物方面的科学知识储备,数学方面比例图的绘制能力,美学知识的应用,语言表达、合作能力等。在任务驱动下,学生在学习理论知识时,没有了传统课堂的约束,思维更加活跃,创作更加热情,讨论更加激烈,大大增强了学生学习的自信心。

(2)本项目的学习活动更加考验学生对于知识的吸收与输出能力。由于项目涉及的内容比较丰富,学生需要更好地理解吸收知识,才能将其转换成实物,在这个过程中学生会对植物的认识更加深刻,对于后期的作品输出也有所帮助。

(3)本项目极大地提升了学生的动手操作能力。在现有的课程中我们的知识或者实物的转化大多数情况下以一个知识点的形式呈现,在整个项目的进行中学生需要融合大量内容并进行转化,这对于学生的综合能力是一种考验。

在本项目的学习探索过程中,学生了解了校园植物的种类,学会了识别和探索植物的方法及工具;和更多学生建立起小组合作学习的基础,学会了如何更好地进行合作学习,将每位同学的优点发挥出来;提升了对校园的喜爱之情,把实物之美转化成了艺术之美、数学之美、语文之美。

(撰稿者:深圳市坪山区第二小学　陈萍丽)

创意 2-3 　春天与诗相约

一　项目背景

为了调动学生的参与积极性,增强体验感,让学生感受春天、感受诗意,共同迎接春暖花开,学校立足语文教材,结合语文教学内容和学生生活情境,设计了"春天与诗相约"项目式学习活动。项目以语文学科为基础,融合美术、音乐、劳动、信息技术等多学科知识,参与对象覆盖全校1—6年级学生,项目活动时长为3个星期。项目内容既结合了课内语文教材中的诗歌,又引导学生进行课外探索与拓展。教师通过创设真实情境、搭建学习探究支架,引领学生在有趣的任务驱动下去探究、实践。根据项目内容与学生学情,以丰富多元的评价方式大力激发学生兴趣,以文化涵养学生心灵、提升学生的综合能力和核心素养。

二　项目目标

本项目立足语文课程的性质和特点,结合春暖花开的外部真实情境和语文学科的诗歌学习内容,以"春天与诗相约"的主题切入,引导学生进行项目探究。学生通过自主探究、体验,建立知识与生活的联系,发散思维进行创造,锻炼了思维能力。通过对关于春天的古诗词的欣赏与演绎,将中华优秀传统文化根植于内心,增强文化自信;通过参与儿童诗的创作、古诗吟诵等活动锻炼语言运用能力;走进大自然,用镜头记录春天的诗意,训练技术运用能力,促进思维发展与提升。(见表2-3-1)

表 2-3-1　1—6 年级子项目目标梳理分类

年级	子项目	目标内容
一年级	童趣盎然寻春迹	走进大自然寻找春天的足迹,联系所学关于春天的诗歌,以拍照、拍摄小视频等形式呈现春天的诗意。

(续表)

年级	子项目	目标内容
二年级	童心巧思绘春色	用画笔展现浓浓春意与诗情,实现诗画融合,在绘画创作中提升审美鉴赏与创造能力。
三年级	童音诗韵吟春意	搜集整理关于春天的古诗,并以吟诵的方式进行展示,在语言建构与运用中感受大自然与诗歌之美。
四年级	童真妙语儿童诗	欣赏优秀儿童诗作品,掌握儿童诗创作方法并进行创作实践。
五年级	童手挥毫写诗情	搜集整理关于春天的现代诗,以朗诵的方式进行节目设计、作品展示。在语言建构与运用中提升审美品质,训练技术能力,促进思维发展与提升。
六年级	童影编导展春晖	通过视频拍摄制作、节目设计创编记录春天的诗意与美好,在多媒体技术运用中锻炼解决问题的能力与审美创造的能力。

以此,让诗歌走进学生的真实生活,让真善美的种子播撒在学生心底,让核心素养在探究过程中得以落地生根。

三 项目内容

结合春暖花开的外部真实环境和语文学科的诗歌内容,以"春天与诗相约"的主题切入,引导学生进行项目探究。让学生在实践探究中锻炼语言运用能力,并形成自觉的审美意识和创新意识。因此,项目的驱动性问题主要围绕核心素养的文化自信、语言运用、思维能力、审美创造来生发。

在"春天与诗相约"的项目引领下,我们根据全校各年级学生学情,细化了项目任务和目标。(如下图2-3-1)

一年级"童趣盎然寻春迹"项目需要亲子合作,孩子和家长结成学习伙伴,用拍照或小视频的形式来记录自己寻到的春天的足迹。二年级"童心巧思绘春色",主要鼓励孩子用绘画来展现诗中的春天与孩子自己所看到的春天。三年级"童音诗韵吟春意"旨在用吟诵来展现古诗中的春意,吟诵节目可以通过多样化设计来呈现。四年级"童真妙语儿童诗"重点在于创作关于春天的儿童诗,其间教师会举办儿童诗沙龙和讲座,让学生掌握儿童诗创作的方法。五年级"童手挥毫写诗情"重点在于用书法作品展现

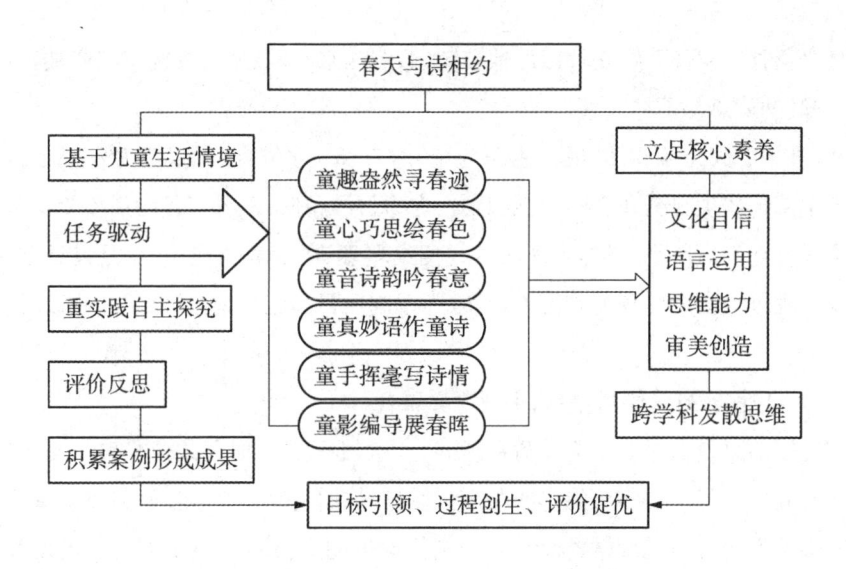

图 2-3-1 "春天与诗相约"项目结构图

春天的诗情画意。六年级"童影编导展春晖"则调动学生更为复杂的知识技能,学生通过拍摄视频来展现春天的诗意与美好。六个子项目有机统一,层层递进,共同指向学生核心素养的发展。

四 实施过程

(一) 阶段一:聚焦真实问题,拨动学生心弦

儿童是天生的诗人,他们拥有丰富的想象力和纯真的童心。教师应当立足儿童实际,激发孩子的诗情。本项目以真实问题驱动学生进行自主探究,在此过程中引导学生对知识进行迁移、转化、运用,从而实现有意义的深度学习。因此,项目的驱动性问题非常关键,在整个过程中起到领航的作用。驱动性问题既要符合学生认知特点,源于学生真实生活,又要能激发学生的兴趣。

我们将项目情境立足于真实的季节背景,基于学生们渴望自由与快乐的童心,引导孩子走进自然,探寻自然之美,感受生活中的诗意。家长带着孩子亲近大自然,感受身边自然环境之美,感受祖国文化与大美河山的丰富与灵秀。孩子们通过合影、录制视频等方式记录与大自然的亲密接触。在马峦山瀑布群边,孩子们诵读李白的《望庐山瀑布》,感受山河之壮美;在聚龙山公园,孩子们"迟日江山丽,春风花草香"的诵读声

伴着鸟语花香,诗意缱绻;在坪山湿地公园,汩汩流水欢唱着"竹外桃花三两枝,春江水暖鸭先知"的诗意与美好。

我们以"春天与诗相约"项目主题为统领,1—6年级按照学生能力水平和发展需求设置了阶梯式项目任务和驱动性问题。在项目准备阶段,各年级的任务驱动根据年龄和学段特点有所区别,具体表现在资料搜集整理、语言表达能力、作品设计创编、成果创新表现等方面所呈现的难度差异,教师编制项目实施指南,帮助学生拾级而上。

(二) 阶段二:打通学科壁垒,实现跨界融合

相比以前舞台上展示的语文活动形式,本次居家学习项目式探究参与面更广,学生参与体验感更强。一年级的小朋友天真烂漫,他们身穿古装,走进大自然,寻找春之足迹。孩子们声音清脆稚嫩、婉转动听,相得益彰的大自然作背景辅之以灵动优雅的动作姿态,吟诵起来非常可爱,充满童真童趣。二年级的同学虽小小年纪,却实力超群。他们巧妙构思,通过画笔描绘春天的美丽。孩子们通过到大自然中收集色彩丰富的树叶、花朵等植物,进行创意画创作。一幅幅作品春意浓浓,诗意盎然。

三、四年级的小朋友朝气蓬勃,她们外出探寻美丽的春景,为自己设计动作,搭配服装,为大家带来精雕细琢的作品。吟诵古诗时,小诗人们一个个声音饱满,充满感情,带领我们走进诗中世界。无论是悦耳的声音、充满感情的旋律、优雅的姿态还是浪漫的春天背景都为她们的吟诵锦上添花。五年级的同学善于捕捉户外的春天,声音极具吸引力,朗读现代诗时,使人身临其境,仿佛一幅美丽恬静的春光之景乍现眼前。同学们诗歌的选材与演绎不仅融合了朗诵、音乐、舞蹈,使情感层层递进,丰富饱满,还为视频作品增加了精美的片头,技术含量满满。

六年级的同学们发挥了高年级的优势,融合自己对诗歌的理解与感悟,使视频更具思维深度。多媒体技术运用彰显了六年级作品的技术含量,锻炼了同学们的问题解决能力与审美创造能力。小导演们要根据自己的特长和爱好选择、定位自己作品的风格,确定作品主题。同时巧妙融合音乐元素、设计人物动作等,与诗歌内容相互映衬,增强作品感染力。片头的制作也极具挑战性,小导演们通过网络搜集视频素材、剪辑合成制作,使整个视频效果如同电影拍摄般唯美华丽,令人惊叹。

(三) 阶段三:多元平台,成果共享

随着本项目学习的不断深入,书本上的古诗词、现代诗歌等知识不再是生硬的,它们在学生们的实践中已化作深入的体验、感受与理解。学生们锻炼了自己的作品创编获得能力、视频拍摄制作等信息技术能力、审美鉴赏能力等。通过网络云平台展示播放学生作品，大家既能看到自己的佳作，也能欣赏别人的风采，美美与共。在项目学习实践中，学生们真正获得了评价的主体地位，他们用自己的思考与智慧，锤炼了自己的作品与自身的能力，有了真切的认知与体验。在学生实践的几个子项目探究中，大家积极性非常高，每个人都能根据自身所长去执行自己的研究子任务。成果形式多样，不再是单一的书面作业，而是从语言表达、文学积累、思维能力、审美鉴赏、沟通合作等各方面锻炼学生能力。成果展示的媒介都是学生喜闻乐见的方式，PPT、微视频、线上问卷调查、数据统计分析等，都源自学生自己的摸索。"纸上得来终觉浅，绝知此事要躬行"，只有自己主动探究、实践，才能有自己的体验和收获。

　　本项目将过程性评价与终结性评价相结合，在教学评一致中激励学生。利用线上教学期间网络云平台的共享便利，为学生提供了多元化的展示平台与评价方式，持续跟进、反馈学生学习过程和项目实施成效。整个项目探究持续了近3个星期，教师对学生的诗歌选取、诗歌诵读质量、儿童诗创作、节目创编、视频拍摄技术等全程进行跟踪关注。居家学习期间，部分家长与孩子共同经历了作品的策划、场景选取拍摄、视频剪辑等实践过程；教师以相应评价表和学生、家长一起记录整个项目研究过程，进行客观真实评价，实现了家校联动。

　　根据线上学习特点，利用线上会议、小组分享等形式进行评价量表的制定和修改。同时还通过微信公众号展示、网络云平台展播等方式，调动家长、学生以点赞、投票、留言等方式参与评价，学生热情高涨，参与率非常高。

五　项目成效

　　居家学习期间，"春天与诗相约"项目探究持续近3个星期，全校1—6年级全员参与，颇受学生喜爱。

（一）以项目式学习为依托，实现深度学习

　　在项目探究过程中，教师线上进行了专题指导，学生以视频作品、图画、儿童诗节目设计等形式呈现自己的学习成果，项目探究的过程成为落实知行合一、能力发展提升的过程。本项目共评选出优秀视频类成果作品120个，图画类优秀成果53幅，儿童

诗文字作品 289 首，整理编辑儿童诗作品《毛毛虫之歌》1 本。

项目式学习结合学生生活实际，以任务作为驱动，通过声音和联想，创编与设计，不断丰富着学生的审美感知。在探究体验中，学生对知识进行分析整合，转换成自己的作品设计与展示，思维从浅层的识记层层深入到理解与运用，锻炼了自身的语文能力，真正实现了核心素养的持续发展。

(二) 以信息技术为辅助，实现多元评价

项目抓住线上教学特点，适时开发诗教资源，整合多样化项目活动。科学多元的评价激发了学生内部学习动力，充分调动了学生、家长、教师全方位、全过程的互动交流与评价反馈。在任务驱动下，家长利用周末时间与孩子开展户外体验，实现了亲子间的互动交流，有利于和谐亲子关系的形成，助推了家庭和睦。学生开始走进生活、走进社会，发现生活中的美，形成了自我与自然环境的认知联动。在这种良好的探究互动氛围中，引导学生回归本心，助力社会和谐，实现自我成长。知行合一，学创贯通，实现了家校良性联动。在课程实施与评价过程中，中华优秀传统文化渐渐渗透进学生的内心，无形中提升了学生的文化底蕴和人格修养。

（撰稿者：深圳市坪山区科悦实验小学　曾鹏）

创意 2-4　古诗谱新韵

一　项目背景

古典诗词是我国文学宝库中的瑰宝,不仅内涵丰富,而且具有很高的审美价值和很强的艺术感染力,十分适合小学生诵读。本项目主要通过"诗""乐""舞"相结合的形式,依托跨学科融合的课程设计理念,尝试将语文学科的古诗教学、音乐学科的吟唱教学与舞蹈教学有机融合。

项目历时5周,以"古诗中的春天"为学习单元,具体以部编版小学必背古诗词《春晓》《惠崇春江晚景》《游园不值》《村居》《咏柳》等与春天有关的诗篇为学习对象,旨在用"和诗以文、以歌、以舞"的形式,将诗词经典与现代文化艺术相融合,在挖掘诗词基本内涵、讲述文化知识、阐释人文价值的同时,创新传统文化的艺术性表达,为文明追本溯源的同时培养学生的艺术审美能力,树立文化自信。

二　项目目标

(1)能正确、流利地朗读、背诵、吟诵古诗,体会古诗中对春景的描绘,初步感受自然造化的神奇与美妙、人与世间万物的和谐共处,体会诗人对春天的赞美和喜爱。

(2)能通过吟诵感悟诗歌的音律美。通过诗词吟诵、说唱教学,还原诗歌本真"面貌"的同时,进一步领略诗情、品味诗韵。

(3)通过拓展活动创编古诗舞蹈串烧,用肢体动作将诗歌内容表现出来,表达出春天的生机与活力,让舞蹈与古诗意境相融合。

三　项目内容

"古诗谱新韵"融合案例——以古诗吟唱的形式,将几首古诗串联成一部诗、乐、舞

作品。分为"和诗以文、以歌、以舞"三个板块。(见图2-4-1)

板块一　　　　　　板块二　　　　　　板块三

通过带领学生了解作者生平、创作背景与文本内涵,帮助学生读懂古诗。

通过吟唱的方式,辅助学生体会音韵、格律之美。

主要结合诗歌的内涵、格律、吟唱、意境,创编手势舞,以表现诗中重点的意象、动作和情感。

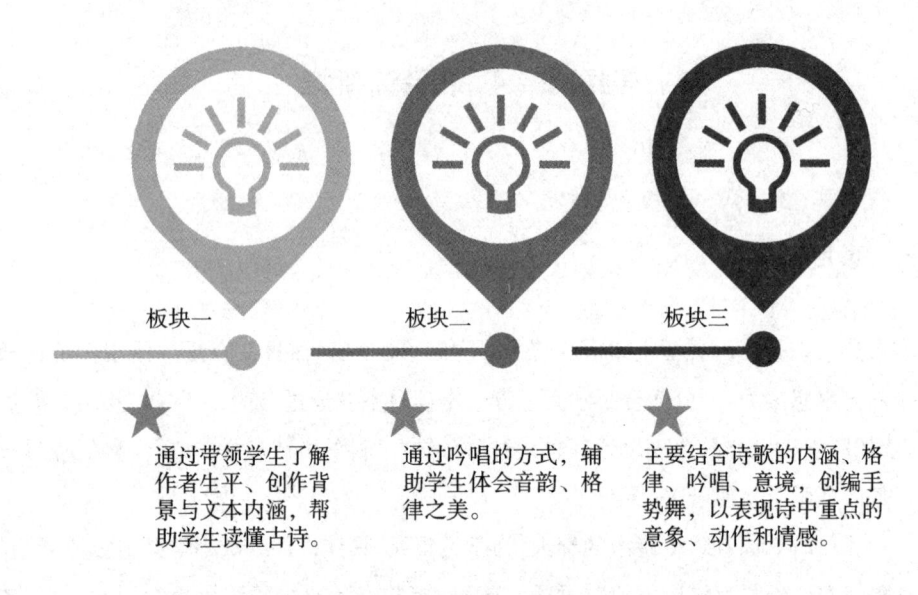

图2-4-1　"古诗谱新韵"项目结构图

上图中,板块一是和诗以文。学生通过学习、赏析古诗文,在和古代文学家、圣人的对话中,汲取丰富的营养,为他们的人生奠定良好的文学基础。第一板块,通过带领学生了解作者生平、创作背景与文本内涵,帮助学生厘清背景,读懂古诗词,理解大意,初步感知诗人情感,为后续的学习打下基础。

板块二是和诗以歌。诗词与音乐密不可分,音乐有旋律和节拍,诗歌也有格式和韵律,平长仄短,依字行腔。古诗词可合调歌唱,是文人以诗入乐首选的体式。古代诗人的创作,尤其是绝句大多被诗人用来入乐,诗人通常在低吟浅唱间将情感表达出来。因此,在第二板块中,主要以播放视频或示范吟唱的方式辅助学生体会音韵格律之美,将平仄、押韵用长短线来表示,学生在读、诵、吟的过程中找到诗词学习、积累的乐趣,在吟诵的过程中进而完成对诗词的背诵。

板块三是和诗以舞。手势舞的练习也是对"古诗"的一种创新性表达,将经典诗词和流行舞蹈有机结合在一起,以当代人更喜闻乐见的方式,去创造性地表现诗词,同时通过舞蹈练习培养兴趣、协调四肢、强健体魄。这种学习方式在一定程度上可以教会学生用现代的方式去理解、传承、创新优秀的传统文化。

在第三板块中,主要结合诗歌的内涵、格律、吟唱、意境,创编手势舞,以表现诗中重点的意象、动作和情感,帮助学生更精准地定位、抓取诗歌表现的意境及情感。

项目用"和诗以文、以歌、以舞"的形式促成智育、美育、德育的融合,加强学生对古诗词文化的内涵、情感的理解,并创新其艺术表现形式。让学生在学习的过程中弘扬传统、培养兴趣、树立自信;在感受到诗歌的韵律美、意境美的基础上,通过吟唱、说唱、手势舞、舞蹈创编等方式,创造性地表达出对诗歌的理解。在诗、乐、舞的融合活动中,帮助学生传承中华文化、陶冶情操、增强体质,引导青少年美育、德育活动的可持续发展,拓宽学校五育并举思路及协同育人的新路径。

四 实施过程

本项目具体以《春晓》《惠崇春江晚景》《游园不值》《村居》《咏柳》等古诗为学习对象,依托跨学科融合的课程设计理念,尝试将语文学科的古诗教学、音乐学科的吟唱教学与舞蹈教学有机融合。项目重点突出诗词教学的"文学性""音乐性""审美性"特征,让古诗词教学内容更加宽泛、形式更加新颖。在蕴含"诗""乐""舞"的课堂中,让学生学会欣赏美、热爱美、创造美,实现中华优秀传统文化创新发展的目的,从而激发学生对于中华传统古诗词的学习热情,促成智育、美育、德育的有机融合。

本项目旨在通过合作学习,创新古诗词的学习模式,以"吟唱、说唱、手势舞、古诗词贴画"等形式,创造性地表达对诗歌的理解。项目的实施具体分为以下四个阶段。

(一) 感诗意,悟诗情

这一阶段主要学习《春晓》《惠崇春江晚景》《游园不值》《村居》等关于"春天"的诗歌,引导学生正确、流利地朗读、背诵、吟诵古诗,体会古诗中对于春天景色描绘的特征;初步感受自然造化的神奇与美妙,感受诗中春天的美好情景以及孩子们快乐活泼的形象;通过朗读,培养学生感受美、欣赏美的能力,并通过想象领悟诗人所表达的思想感情,树立保护自然的基本意识;鼓励学生观察自然、热爱自然,树立积极向上的人生态度。

授课过程中,首先出示四首古诗的诗配画作品,让学生初步感受春日的明媚、温暖与美好。随后自主合作,初读古诗。四人小组分别自选一首古诗,读给组员听。同时,教师应明确好朗读要求:一是读准字音、读通诗句、读出情感。二是认真倾听,并为组员的朗读打分。在充分朗读的基础上,教师随机抽取四位同学进行诵读展示并相机指导。

在细读品味、想象画面的环节中,教师简要介绍四首诗歌的作者、朝代背景,讲解重点词汇。比如:

"裁":春风好似拥有一副妙手,"裁"将柳叶与春风巧妙地联系在一起,让柳叶有了神韵,让春风有了情义,也让读者生出无限想象,是造物者之无尽藏也。春风能将柳树裁剪成含羞少女,一定也能有更巧夺天工的创作。

"苍苔":一种绿色的植物,空气潮湿的时候,春雨过后就会贴地皮长出来,沿着街门的小路不断地生长,苍就是绿,苔就是沿街而上的植物。

出示蒌蒿、芦芽、河豚图片,帮助理解。

在弄懂词汇和背景的基础上,教师应进一步引导学生想象画面,读懂诗意。在教学中,教师可以先出示四首诗的插画,让学生结合插图,以小组合作的形式简要说出诗歌内容。随后引导学生结合对诗歌内容的理解,充分发挥想象力,小组合作完成诗配画作品。在此基础上,可让学生自由选择其他关于"春天"的诗歌,完成古诗词贴画作品。

在初步理解诗歌内容的情况下,教师可以引导小组成员进一步朗读,读出诗词境界、感悟诗情。并通过古诗词临摹,让学生在静心书写的环境下,陶冶情操、理解内容、想象画面、感悟意境。

(二) 吟诗句,品诗韵

第二阶段主要通过吟诵,引导学生初步感悟诗歌的音律美。并结合快板艺术,以更为活泼的形式,创造性地改编诗歌。

授课时,先让学生通过小组合作,分享自己在课前搜集到的快板知识。教师介绍快板艺术的由来、演变及表演方式:快板是一种传统说唱艺术,属于中国曲艺韵诵类曲种。早年称作"数来宝",也叫"顺口溜""练子嘴",是从宋代贫民演唱的"莲花落"演变发展而成。快板有单口、对口、群口三种表演方式。唱词合辙,押韵自由,一段唱词可以自由转韵,称为"花辙"。表演时演员用竹板或者击打节拍,一般只表演说理或抒情性较强的短篇节目。

在充分了解理论的基础上,带领学生观看快板表演视频,感受其表演的基本形式与效果。教师结合《惠崇春江晚景》的快板改编曲目进行展示,让学生感受快板的辙韵规律,和古诗词的"押韵"与"节奏"联系起来。

(三) 舞诗魂,强体魄

本阶段主要引导学生结合对诗歌内容及音韵音律的理解,感受意境,想象画面。授课过程中,教师应进一步配合诗句改编舞蹈动作,加深学生对诗境的想象与理解。

在授课过程中,教师需要结合诗歌重点内容,讲解舞蹈动作。学生观看教学视频,熟悉动作。通过拓展活动创编古诗舞蹈串烧,用肢体动作将诗歌内容表现出来,表达出春天的生机与活力,让舞蹈与古诗意境相融合。随后学生自由练习,教师相机指导。

此外,课程还根据教学设计,拓展了"揖礼"的讲解与动作练习,让学生在传承古代文化、涵养品德情操的同时,进入老师专门为其创造的"真实"的学习情景中,让学习真实发生。

课程成果:吟诵视频。

(四) 鉴成果,以评价

评价包括以听课自评+互评为主的过程性评价和"诗乐舞"展演为主的总结性评价两种。

阶段性评价包括学生每日课后根据自身及同学的基本听课学习情况进行的评价,并纳入学生综合考评当中。是基于对学生日常学习的持续观察、记录、反思而作出的评价。旨在通过监督、提醒、激励的手段督促学生学习,使学生养成良好的学习习惯。(见表2-4-1)

表2-4-1 "古诗谱新韵"课堂阶段性评价细则

测评内容	测评指标	测评比例	得分
自我评价	学生能诚实地对自己的听课态度、习惯、能力等方面进行评价,培养学生在听课中的自省能力,以便找出问题更好地进步。	20	
小组评价	组员根据成员的课堂表现进行互评,彼此间真诚评价,以便相互取长补短,实现高效学习、共同进步。	20	
教师评价	对学生吟诵兴趣、习惯、能力、课堂表现等进行评价,树立榜样,以点带面,促进全体学生吟诵水平的提高。	20	

(续表)

测评内容	测评指标	测评比例	得分
作品评价	以小组为单位,进行作品选择、舞蹈创编、练习,在"诗乐舞"展演比赛中进行表演,具体评价细则见表2-4-2。	40	

评价侧重于对学生的吟诵、舞蹈等综合能力的考评,从语言表达、仪容仪表、肢体动作等方面进行评价,更侧重于学生的综合素养。针对过程性评价,选出一支最为优秀的小团队进行进一步的训练,打磨作品进行参赛。

总结性评价是对学生或学生团体展演的综合表现做出的评价,评价内容综合学生的临场表现、语言表达、情感表现、展演效果。除专业教师评委参与评价外,还邀请同级学生作为大众评委进行评审,让学生全程参与其中。(见表2-4-2)

表2-4-2 "古诗谱新韵"总结性评价表

评价项目	分值	评分标准	评分
主题呈现	20	内容生动丰富,寓意深刻,能体现出丰富的传统文化韵味、音乐性、舞蹈性。	
情感表现	20	契合作品内容,能恰当地表情达意,引人入胜,富有情感张力。	
吟诵效果	20	吟诵有感染力,声情并茂,富有韵味和表现力。	
舞蹈效果	20	能将舞台效果与朗读内容、作者情感、整体表现完美融合。	
乐器使用	10	表演能结合乐器,熟练使用乐器配合吟诵、舞蹈,完成一场高水平的表演。	
团队协作	10	动作恰当整齐,自然大方,精神饱满,能呈现出团队的整体风貌。	
总分			

五 项目成效

项目旨在通过故事吟诵、表演,让学生在了解古诗词的基础上,弘扬传统文化,并创造性地进行艺术改编。过程注重对感悟、吟诵、鉴赏、舞蹈能力的培养与提升,并致力于培养学生对传统古诗词进行创新性、艺术性改编的能力。旨在通过"美育""德育"

"智育"并举,提升学生的综合素养与能力。

"古诗谱新韵"的专项学习,初步取得了以下成效:一是加深了学生对民族精神和优秀传统文化的理解。学生在感悟、吟诵中亲近中华经典,感受诗词文化的魅力,从中华文化宝库中汲取资源、涵养品行,树立文化自信。二是通过"和诗以文、以歌、以舞"的形式将传统诗词经典与现代文化艺术相融合,通过乐理、舞蹈教学,初步熏陶了学生的艺术审美能力,让学生学会在诗词文化中欣赏美、热爱美、创造美。三是初步形成了小学低段古诗词教学与音乐、舞蹈学科的融合路径,促进智育、美育、德育的有机融合。

本项目以跨学科融合的形式,致力于将古代文学和现代艺术的形式打通,培养学生理解和传承传统文化的能力,并且进一步培养其对传统文化进行创造性、艺术性表达的素养。

(撰稿者:深圳市坪山区第二外国语学校　魏星)

创意 2-5　龙娃巧吟诵

一　项目背景

中国是诗歌的国度，自古以来就有诗教的传统。古诗词作为中国传统文化的瑰宝，是中华文化基因中的重要组成部分。吟诵作为一种古老的诗歌创作以及诗歌诵读方式在中国有近千年的历史，是我国优秀的非物质文化遗产。在新时代背景下，厚植中华文化底蕴、增强民族自豪感、坚定文化自信、做堂堂正正的中国人是每一位中华儿女的价值归属。作为中华儿女，理应传承中华优秀传统文化，了解古诗词这一文学瑰宝，感受古诗词的魅力，汲取古诗词中生生不息的力量。

古诗词作为教材中的重要组成部分，语言凝练、韵律优美、想象丰富，兼备思想性与艺术性，是珍贵的美育教材。将吟诵融入古诗词学习，可以丰富诗歌学习方法，配合肢体语言的变化，有助于促进学生创造力的发展，激发学生的兴趣。学生通过反复吟诵，想象、描绘诗歌的画面，进而加深对整首诗的理解，加深对作者创作情境的体会。另外，学生通过自主参与项目式探究，创编节目、创作诗歌，认识美、欣赏美、创造美。诗歌带来的力量潜移默化地滋养着学生们的优良品德与健全人格，为学生身心成长奠基。

二　项目目标

（1）了解古诗词格律基础知识，掌握基本的吟诵方法，在吟诵中感受古诗词的平仄、节奏和韵律。

（2）通过节目创编与展示等诗歌探究性学习，内化诗情，锻炼解决问题的能力与审美创造能力。

（3）加强文化创生，将诗歌融入生活，传承中华优秀传统文化，增强文化自信。

三 项目内容

"龙娃吟诵"以培养"明德有礼、情趣优雅、乐学善思的现代中国人"为育人目标,形成了严密的课程逻辑体系。(见图2-5-1)

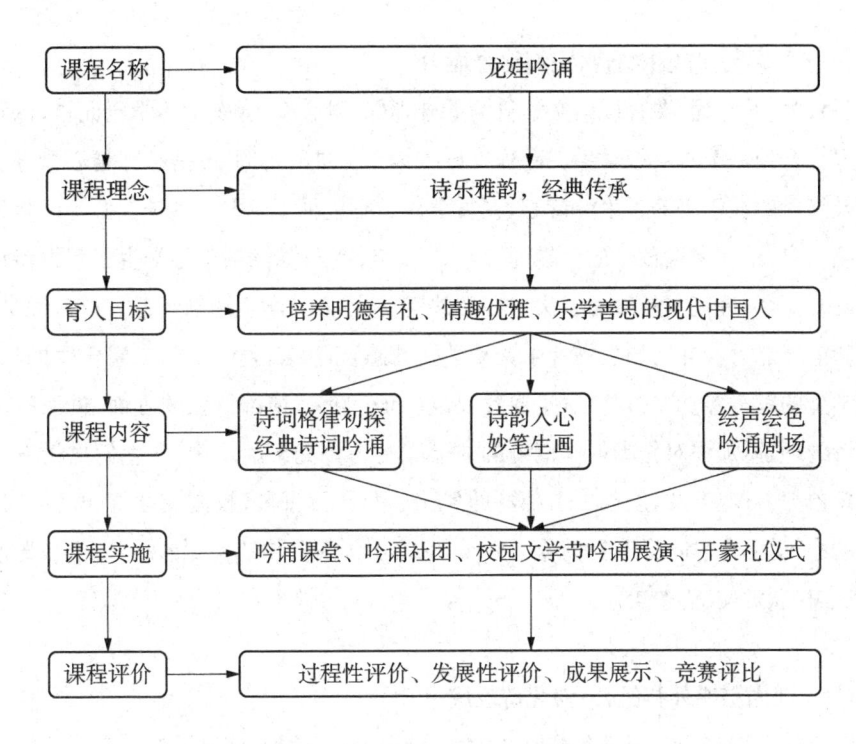

```
课程名称 → 龙娃吟诵
   ↓
课程理念 → 诗乐雅韵,经典传承
   ↓
育人目标 → 培养明德有礼、情趣优雅、乐学善思的现代中国人
   ↓
课程内容 → 诗词格律初探   诗韵入心   绘声绘色
           经典诗词吟诵   妙笔生画   吟诵剧场
   ↓
课程实施 → 吟诵课堂、吟诵社团、校园文学节吟诵展演、开蒙礼仪式
   ↓
课程评价 → 过程性评价、发展性评价、成果展示、竞赛评比
```

图2-5-1 "龙娃吟诵"项目逻辑示意图

在探索中华诗教的过程中,我校研究团队开发"龙娃吟诵"校本课程。此课程创造性地使用语文部编版教材,校本学习内容以教材中的古诗词为蓝本,再加入学生自主探究的吟诵学习成果。例如学生创作的古诗词配画、创编的吟诵节目、设计的吟诵表演服装、录制的吟诵音频、团队展示的吟诵展演等。课程资源丰富生动,非常贴近孩子生活,极大地调动了学生的过程参与以及学习主动性。目前我们已建设了1—6年级吟诵校本资源库,包括吟诵学习配套书籍、PPT、音频等;编纂了4—6年级"龙娃吟诵"校本教材,其中收录的都是学生自主探究的学习成果。在4—6年级吟诵教材的素材

收集过程中,每一首诗的吟诵录音都来自学生们的亲自演绎,每一幅古诗画都是来自学生们的用心创作。学生们在创作体验的过程中,积极投入,参与度非常高,收获了满满的成就感。

四 实施过程

(一) 学习与实践相结合,锻炼综合能力

我校"龙娃吟诵"课程以语文学科为基础,同时融合音乐、美术等学科元素,课程参与对象为全校一至六年级学生。课程以班级为单位进行每周一课,教师精心指导。诗教的最终目的在于培养学生的诗心,在每个孩子心里种下诗歌的种子。低年级吟诵旋律朗朗上口,重在激发孩子的兴趣和参与。从三年级开始逐渐引导学生了解古诗词格律基础知识,掌握基本的吟诵方法。在日常反复吟诵中,学生逐渐掌握古诗吟诵平仄、节奏和韵律能力。抑扬顿挫的音乐调动学生的感官,激发学生兴趣,丰富学生的乐感,提高学生的审美鉴赏。另外,学生通过反复吟诵,想象、描绘诗歌的画面,进而加深对整首诗的理解,加深对作者创作情境的体会。在古诗配画活动中,学生们尽情发挥自己的想象力,百花齐放,展现出了独特的风采。每年读书节、校园文学节、开蒙礼仪式等活动中,学生通过吟诵节目创作与展示,无形中加深其传统文化的涵养,更加促使学生认识美、欣赏美、创造美。

(二) 课内与课外相结合,内化诗教成果

在全校古诗吟诵氛围逐渐浓厚,学生对诗词诵读、吟诵、演绎等有一定了解的基础上,进一步引导学生进行诗歌探究性学习。我们以项目式研究的方式来组织开展。通过设计相应的情境任务,调动学生们的兴趣,使学生进一步参与、思考、实践。在"李白的诗酒江山"项目探究活动中,设计以吟诵、绘制诗人的人生轨迹图,探寻李白诗中频繁出现的酒、月等意象及其意蕴等活动,引导学生进一步了解李白的人生经历,走近这位传奇的"诗仙"。在红色革命主题"诗词长征路"项目探究中,我们以五年级教材中毛泽东的《七律·长征》为基点,开展相关诗词探究活动。长征途中以及长征以后主席写过大量关于长征的雄伟诗篇,整合诗歌资源、长征故事等历史背景资料,绘制长征路线,学生进一步将诗词与长征紧密结合,加深体会。红色革命主题的诗词在这种情境任务的探索中更有血肉,更有温度,学生对诗歌的理解从书本走向了诗歌的本身。

(三) 完善课程评价机制,激发学生兴趣

为激发学生诗歌学习的长久动力,同时综合考虑不同学生的能力水平及需求,我们制定了吟诵课程评价机制。及时科学地评价、记录学生成长过程中的点滴,让学生体验自己的进步与提升,从而帮助其树立自信。在兴趣的驱动下,诗歌逐渐成了学生生活的一部分,渲染着生命最丰厚坚实的传统文化底色。

评价方式主要分为日常形成性评价和学期成果评价。日常形成性评价包括成立学习小组,组内互评;积极引入家长评价;利用丰富的活动及时评价;档案袋记录学生学习成果等方式。学期成果评价形式包括学校吟诵小达人星级检测、学期古诗词积累星级评比等。

完善的评价激励制度是课程建设的重要部分,多元化的评价方式旨在关注孩子的成长与兴趣发展需求。老师根据每小组的吟诵情况和个人的吟诵进度与表现力,适时调整策略,对于积极表现的学生予以相应表扬和激励,对于落后的学生及时予以指导帮助。在市、区活动,学校、班级文学节吟诵展演、吟诵达人秀等平台锻炼中,学生们乐在其中,绽放自信。

五 项目成效

以吟诵的方式创新古诗词学习方式,激发学生内在的学习动力和兴趣,是中华诗教传承的一种有效方式。古诗词吟诵课程的开发和实践是传承中华优秀传统文化的责任,有着丰富的教育价值和文化价值。

(一) 学科融合,多维联动

本项目遵循语文学科基本要求,凸显学科本质,同时巧妙融合音乐、美术、信息技术等学科。学生通过链接自己的真实经验、各学科知识,走进大自然和社会生活,将书本知识转化为探究体验。丰富的内容和人文内涵融入课程之中,为学生的综合素养提升与能力培养提供了更为广阔的平台。刚开始学生探究、分享、展示时还比较拘束,通过频繁的小组交流和同伴展示,灵感不断迸发,思路不断开阔,更加勇敢自信。

(二) 巧设支架,拾级而上

学校根据1—6年级学生的认知特征、身心特点,构建了科学合理、逻辑清晰的项目内容与驱动任务体系。在项目螺旋上升式任务体系的推动下,强化每一个子项目的过程管理,不断优化评价机制,使每位学生都能积极、主动地发展。

(三) 深度学习,体验喜悦

在本项目的实施引领下,教师传统的诗歌教学方式不断优化。学生项目探究方式让诗歌学习更加灵动,同时更具有挑战性。星级评价制度激励学生不断积累,迎接挑战,体验成功的喜悦。学习的过程不再局限于课堂,还延伸到了课外。教师以任务驱动促进学生思考探究,通过实践促使学生知识、情感、思维全面发展。

在新课程改革的背景下,我校教师团队不断拓展诗歌学习方式的新路径,强化课程管理,拓宽学生展示的平台,让古诗走进学生的真实生活,将真善美的种子播撒在学生心底。以此,方能挑起重任,推动中华优秀传统文化的发展。

(撰稿者:深圳市坪山区科悦实验小学　曾鹏)

第三章

任务设计:跨学科学习是挑战性学习

挑战性是跨学科学习的基本属性,这是由素养生发过程的复杂性、建构性和探究性决定的。跨学科学习挑战了传统的学习方法,它要求学习者具备高度的自主学习能力、创新思维和问题解决能力,在面对复杂的问题和挑战时,能够突破传统学科框架,深入探索各领域之间的内在联系,灵活运用所学知识,最终提出创新的解决方案。通过设计挑战性任务,可以激发学习者的好奇心和求知欲,使之更加主动地参与到学习中。

有学者认为,挑战性是跨学科学习的基本属性,这是由于素养生发过程的复杂性、建构性和探究性决定的。在跨学科学习中,学习者要亲历挑战性问题的解决过程,从而形成对学科本质的理解,促进学科素养和以问题解决、批判性思维、创造能力、合作交往为特征的跨学科素养生成的过程,传统的验证性、体验性、拼盘式主题无法满足素养发展的需要。① 应该说,挑战性是跨学科学习与生俱来的特征。跨学科学习挑战了传统的学习方法,它要求学习者具备高度的自主学习能力、创新思维和问题解决能力,在面对复杂的问题和挑战时,能够突破传统学科框架,深入探索各领域之间的内在联系,能够灵活运用所学知识,最终提出创新的解决方案。

任务设计在跨学科学习中扮演着至关重要的角色,直接影响了学习者的学习效果。具有挑战性的任务不仅可以激发学习者的学习兴趣和动力,还可以促进他们的思考和探索。心理学家米哈里的心流理论指出,当人们参与某项活动面临的挑战和自身能力平衡时,会产生心流体验,在这种状态下,人们会感到高度的兴奋、充实和满足,同时也会感到自我控制力和注意力的高度集中,而当能力大于或小于挑战时会产生消极情绪。② 按照心流理论的观点,挑战性高且较为丰富的学习支架支持的学习情景能够激荡起学习者的心流,让学习者高度投入,产生高质量学习体验。一个具有挑战性的跨学科学习任务需要满足以下条件:驱动性的核心问题、对任务价值的体认和充分理解、持续不断的反馈以及多种学习支架。③ 我们认为,通过精心设计的具有挑战性的任务,可以激发学习者的好奇心和求知欲,能够使学习者更加主动地参与到学习中。当面对复杂问题时,单一学科的知识往往不足以解决,在这个过程中,学习者需要将来自不同学科的知识进行横向和纵向整合,形成更完整、更深入的理解。同时,跨学科学

---

① 刘登珲,牛文琪.跨学科主题学习的迷思与澄清[J].教育发展研究,2023,43(22):75—84.
② Liao, L. F.. A Flow Theory Perspective on Learner Motivation and Behavior in Distance Educati on [J]. *Distance Education*, 2006,27(1):45-62.
③ 刘登珲,牛文琪.跨学科主题学习的迷思与澄清[J].教育发展研究,2023,43(22):75—84.

习的任务是具有一定开放性的,往往需要学习者以团队的形式完成,通过知识共享和碰撞,激发更多的创新点子,探索新的可能性,从而培养学习者的问题解决能力,创新思维和团队协作能力。由此可见,要实现跨学科学习,任务设计是关键,那么如何设计跨学科学习中的任务呢?如何设计具有挑战性的任务呢?一个科学合理的任务在设计时需要遵循以下原则。

一是要强调跨学科知识的整合。帮助学习者建立不同学科之间的联系,培养其综合素质和创新能力。有学者认为,跨学科学习是在对真实问题的解决中有意识地学习不同学科的知识并创造性地整合以解决问题、形成成果[1]。而要做到跨学科知识的整合,首先要明确整合性课程目标,仔细研究各学科的课程标准,确定学生应达到的核心能力和知识点,将不同学科的内容融合在一起,制定整合性的课程目标。接下来要选择适当的主题或问题,如选择"环保"作为主题,将科学、社会学、语言艺术等多个学科的知识与技能融入教学中,使学生全面了解环境保护的重要性、学习相关的科学知识、开展相关的社区调查等活动。最后需整合教学资源,跨学科教学需要整合不同学科的教学资源,可以利用图书馆、互联网等资源,收集相关的学习材料和工具,来支持跨学科教学的实施。

二是要注重实际应用价值,将理论知识与实践相结合,提高学习者的实践能力。跨学科学习任务的来源一定是为了解决一个真实的问题,这些问题往往是复杂的、系统的、具有一定挑战性的。因此任务设计应注重实际问题的解决,将理论知识与现实生活相结合,提高学习者的实践能力。首先要选择真实问题,将一些具有现实意义和复杂性的问题作为任务的核心,激发学生的兴趣和探究欲望。其次要强调问题解决过程,鼓励学生去探究、实践、反思和修改他们的解决方案,来培养他们的批判性思维和问题解决能力。

三是提供及时反馈和评价,帮助学习者及时调整学习策略,提高学习效果。提供及时的反馈和评价是确保学生学习效果和提升学习动力的重要环节。在跨学科学习任务开始之前,向学生明确介绍评价的标准和期望的成果,在学生任务完成的过程中定期检查学生的进度并给予反馈,可以借助在线平台或学习管理系统收集和整理评价数据,给予学生更全面的反馈,并提供清晰的、具体的建议,指导学生改进他们的作品

---

[1] 夏雪梅.跨学科项目化学习:内涵、设计逻辑与实践原型[J].课程·教材·教法,2022,42(10):78—84.

或任务成果。

综上所述,跨学科学习的任务设计对于实现有效的跨学科学习至关重要。为了实现有效的跨学科学习,应采取明确的任务目标、创设真实情境、促进知识整合、提供反馈与评价、鼓励合作学习与交流、正确定位教师角色以及持续改进与优化等策略。未来的教育教学实践应进一步关注跨学科学习的任务设计研究,以提高教育质量和学习效果,培养出更多具备创新能力和跨界整合能力的优秀人才。

(撰稿者:深圳市坪山区六联小学　刘盼盼)

创意 3-1　自制手工皂

一　项目背景

厨房中经常会产生废弃油脂,其实这些废弃油脂有很多作用,比如我们可以根据所学知识,回收家庭或学校食堂的废弃油脂,将其变为可以利用的手工皂。

手工皂的制作一方面基于学生的个性特点,可以激发学生的创造性,另一方面可以融入工艺工程的概念,引导学生认识工业化规范的重要性。整个过程与生活、科学前沿密切相关,学生能体会到一般实验课堂上没有接触过的内容,激发强烈的兴趣,提高社会责任感,培养严谨求真的科学素养。

基于以上背景分析,设计并实施"自制手工皂"实践课程,该课程主要在初一年级学生中进行,活动时长大约为4课时。

二　项目目标

(1) 了解自制手工皂过程中涉及的科学原理,知道关于祛油原理、微生物对废油的分解原理,以及溶解性概念、火碱与油脂的物理性质等知识;了解溶解、分液、凝固等化学基本操作技能。

(2) 知道自制手工皂的基本步骤,能够组装整套实验的仪器或装置,在自制手工皂过程中学会研读资料、从资料中获取信息的方法,以及用控制变量法探究加入原料的量对成品的影响。

(3) 通过了解废油的危害以及变废为宝的过程,知道人类在追求生活便利的同时带给环境的影响,形成一分为二看待事物的辩证价值观;通过成品鉴赏,感受艺术带给人的视觉享受与人文美感,学会用发现美的眼睛看待世界万物。

三 项目内容

本案例的教学实施过程按照 5E 探究式教学流程,设计了包括参与(Engagement)、探究(Exploration)、解释(Explanation)、精致(Exquisitioness)和评价(Evaluatation)五大板块内容。(如图 3-1-1)

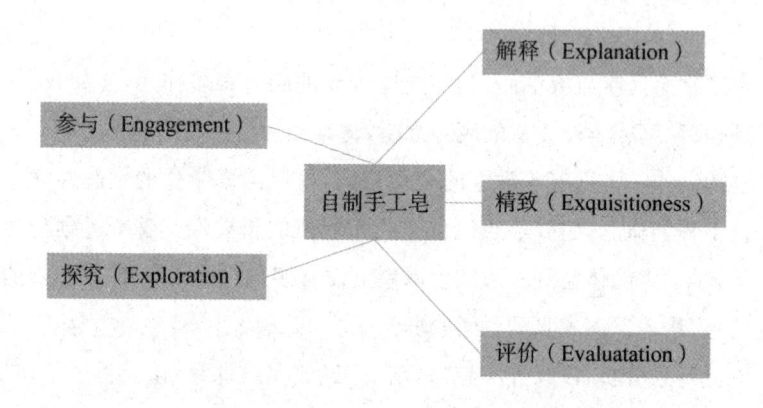

图 3-1-1 "自制手工皂"项目板块图

上图中,"参与"过程意在通过不同情境吸引学生,引起认知冲突,激发学生主动探究的兴趣,通过"情境展示"与"知识回顾"进行活动。

"探究"是让学生通过教师提供的资料,在教师引导下一起探究的过程,涉及对"工具原料"和"制作体验"的探究。

"解释"是学生对探究的结果和原因进行分析梳理的环节,包括解释"清洁原理"与"制取原理"。

"精致"是在前面几个环节的基础上继续对探究内容做出更完整操作、更深刻理解的过程,体现在"产品差异化"和"展销会"的效果上。

"评价"意在给学生展示自我的机会,通过多维评价,让学生体验探究的乐趣和成就感,包括"师生评价""生生评价"及"自我评价"。

四　实施过程

本课程分为四个课时,循序渐进。

第一课时先通过废油图片等真实的生活情境,提出问题,引导学生产生废物利用的想法。之后学生通过查阅资料,了解项目需要的信息与工艺流程后,在教师的指导下小组合作制作手工皂的基本皂液。第二课时在皂化反应等待期,教师将相关的更深刻的知识对学生进行讲解和演示,帮助学生设计更完美的产品制作路线,达到理想的效果。第三课时中,教师启发学生开发创意和想象力,DIY本组的作品,制作出不同风味和款式的产品并准备进行校园展销。最后的第四课时,学生在销售后对自己整个项目的表现与收获进行评价。

教学过程实施前,教师准备好以下原料和仪器。

原料:颗粒碱、油脂(橄榄油、杏仁油等,也可收集家用废油作为原料)。

装饰材料:食用色素套装、干花套盒、香味剂、金粉金箔等装饰材料。

工具仪器:加热炉、温度计、电动打蛋器、不锈钢打蛋盆、不锈钢小勺(搭配颗粒碱使用)、量杯、刮刀、镊子、一次性手套、一次性筷子、模具(选取)。

(一)"参与"阶段

展示厨房等废油污的图片,引入生活情境,提出问题:生活中如何处理油污?市场上的手工皂是如何制作出来的?是否能将废油转化成手工皂?

(二)"探究"阶段

教师给出探究项目并引导学生找到探究方向:将废弃油脂变为手工皂需要了解哪些方面的知识,让学生在课后有方向地查阅相关资料。将学生的探究任务分解为以下四个部分。

1. 地沟油的危害

查阅资料,了解地沟油的危害,以及废油是如何被微生物分解,使江河"富营养化",从而使水沟或河水发臭的。通过调查,可以进一步让学生感受到将废油变废为宝的必要性。查阅资料,了解油脂有哪些好处,比如可以做肥皂,适当的废油还可以做花的肥料等。

2. 手工皂原理

制作手工皂涉及的基本原理为"皂化反应",通常指强碱与酯反应生成羧酸盐和醇[2]。该化学变化涉及的基本原理为甘油三酯("植物油"主要成分)与氢氧化钠反应生成羧酸钠("皂"的主要成分)和丙三醇。具体化学表达式如图3-1-2:

$$\begin{matrix} C_{17}H_{35}COOCH_2 \\ | \\ C_{17}H_{35}COOCH \\ | \\ C_{17}H_{35}COOCH_2 \end{matrix} + 3NaOH \xrightarrow{\Delta} 3C_{17}H_{35}COONa + \begin{matrix} CH_2OH \\ | \\ CHOH \\ | \\ CH_2OH \end{matrix}$$

图3-1-2 油脂变为手工皂的化学原理

学生查阅资料,了解油脂可以如何变为肥皂,其中涉及哪些原理。有条件的学生可以实地考察生活中的肥皂是如何通过化工生产出来的,进而亲身体验制做手工皂的基本流程。

3. 收集废油自制手工皂

将厨余废油等收集起来,查阅资料,根据"皂化价"设计配方,添加原料制做环保手工皂,美化后制得产品包装存放一个月左右,待产品成形。

4. 校园展销会

课堂与家庭制做的手工皂可以进行校园义卖,在售卖过程中不仅可以锻炼学生的表达能力,还可以发现并完善产品短板,甚至可以将售卖的收入用于帮助他人。

(三)"解释"阶段

现象问题1:在本课堂中制做的手工皂能否日常使用,取代生活皂?

在本课堂中制做的手工皂为基础款,普通肥皂的活性因子主要用来去除油污,不具有更多功能。而肥皂所产生的碱性环境能破坏细菌和病毒简单的蛋白质结构,从而有一定的杀菌消毒功能,为提高其他功能比如滋养皮肤、消炎止痛可加入一些草药或试剂,日常清洁皂往往功能更强大。

现象问题2:除油因子具体为何物?为什么油腻的手工皂逐渐变"干"?

教师在学生方案和已了解资料的基础上做进一步的指导。首先对学生进行提问,学过的去除油脂的三种方法和原理是什么,学生大部分能够回答出来:汽油去油污是利用了溶解原理,是一个物理变化;洗涤剂去除油污是利用了乳化原理,也是一个物理变化;氢氧化钠等碱性物质水解油污是一个化学变化。因为初中生还没有具体学该化学反应是怎样的,尚处于一知半解的状态,但是根据已有知识,教师讲解后会比较容易理解。

现象问题3:烧碱为什么要加水溶解,溶解过程中烧杯为什么变热？制作过程中为什么要对烧碱和油脂进行预处理？

教师进一步通过几个视频对学生进行教学溶解、过滤和分液的操作,让学生知道在什么情况下可以用到哪些操作。利用所学物理知识进行操作,使用玻璃棒搅拌加速溶解、加速冷却,利用滤纸筛网进行固液分离减少废油中的有害杂质,可以适当利用棕榈油的分子非极性萃取高纯油脂。

同时教师提醒学生所用药品的注意事项,比如烧碱具有很强的腐蚀性,取用保存时一定要注意安全,不可直接接触皮肤。溶解烧碱过程中会释放大量的热,需要较大容器,加速冷却。而且烧碱和废油的比例或者加入的其他原料的量都有可能影响肥皂最终的成型和洗涤效果,学生需要去调配实验。

(四)"精致"阶段

根据教师的扩充讲解与提供的药品和仪器,学生在工艺流程初步设计的基础上进行完善。最终大体可以按照以下四个步骤的工艺流程进行制造:回收废油脂——预处理原理——皂化反应——定型干燥。按照此基本步骤,学生可以得到标准的可以去除油污的肥皂。教师可以引导学生充分发挥想象力和创意,在标准版手工皂的基础上升级,如加入其他具有特殊功效或者香味的物质,还可以加入只是为了美观的物质,增强手工皂的美观性和实用性。不同模具中DIY的不同形状,也会让手工皂的制作增加趣味性。

学生还可以对制作出来的手工皂进行精美包装,在校园中开展营销会,向其他同学和老师介绍手工皂的来源与意义,让他们感受探究魅力的同时,也可以让自己感受到探究的成就感。

(五)"评价"阶段

在保证安全的基础上,学生对本组制作的手工皂进行简单的效果试验。教师组织对本探究项目做整体性评价,总分100分。(见表3-1-1)

表 3-1-1　项目评分表

项目分解	自评	他评	教师评	总评
资料搜集(5)				
工艺设计(5)				
展示说明(10)				
使用效果(20)				
创意想法(20)				
营销效应(20)				
解决问题(20)				

五　项目成效

本课程围绕现实问题，通过实践活动，在传授科学知识的同时培养了学生的核心素养，并取得了一定成效。

(一) 深入环保理念，增强社会责任感

通过向学生铺设废油脂的好处和坏处等背景，引导学生产生废物利用的想法。环保与节约的理念应当植入每个人的内心，尊重自然就是保护人类自身，每个人都可以尝试以力所能及的方式贡献一份微薄之力。

(二) 提升信息处理能力，提高探究素养

本探究项目涉及的知识点，学生已经有了一定程度的了解，其他相关知识可以上网查阅，这个过程也可以培养学生筛选信息的能力。学生根据已有知识，设计出初步的工艺流程后，教师将相关的更深刻的知识对学生进行讲解和演示，帮助学生设计更完美的路线，达到理想的效果。

(三) 激发创意想象，感受多样价值

教师启发学生开发创意和想象力，DIY 本组的作品，结合美术欣赏进行升级。校园营销的开展，在提高学生科学知识储备的同时，也锻炼了学生的语言表达与交流能

力。此项目结合了多学科知识,自产产品也被赋予了更多实用价值,对学生综合素养的提升有很大的促进作用。

(撰稿者:深圳市坪山区中山中学　王思浩,陈克娜)

创意 3-2　制作包络线书签

一　项目背景

《义务教育数学课程标准(2022版)》中的课程目标包括：用数学的眼光观察现实世界，会用数学的思维思考现实世界，以及会用数学的语言表达现实世界。包络线在现实中有广泛的应用场景，比如在股票市场上的布林线、道路的设计、消防系统等。然而，包络线的定义复杂，不在七年级学生的学习范畴之内。为了让同学们更容易地理解包络线，本项目通过直接作图的方式简化定义，通过实际操作，让学生们感受到生活来源于数学，同时让学生体验用数学的眼光观察现实世界、用数学的思维思考现实世界、用数学的语言表达现实世界。

本项目的活动对象为七年级学生，活动时长为 90 分钟。活动理念借鉴了美国教育家杜威的"做中学"理念，强调通过实际操作来激发学生的创造力，将创意转化为实际作品，培养创新思维和实践能力。此外，该项目也整合了数学和艺术等多个学科的知识，旨在培养学生的跨学科整合能力。学生们在制作过程中能够分组合作，互相学习、分享经验，培养团队协作精神、沟通能力和领导能力。同时，通过利用废弃的包络线制作书签，也能增强学生的环保意识，让他们意识到废物利用的价值，为学生提供个性化发展的空间，让他们根据自己的兴趣和喜好进行设计，促进个性化发展。

二　项目目标

(1) 了解包络线的定义，能够在几何图形角、三角形和圆中绘制包络线。

(2) 掌握包络线制作书签的基本技巧。

(3) 通过设计和制作书签，体验探索和创造的乐趣。

(4) 通过团队合作，参与书签设计和制作项目，学会有效沟通和分工合作。

三 项目内容

本项目包含四个板块:包络线的定义、绘制包络线、探究曲线光滑度的影响因素、制作书签。(如下图3-2-1)

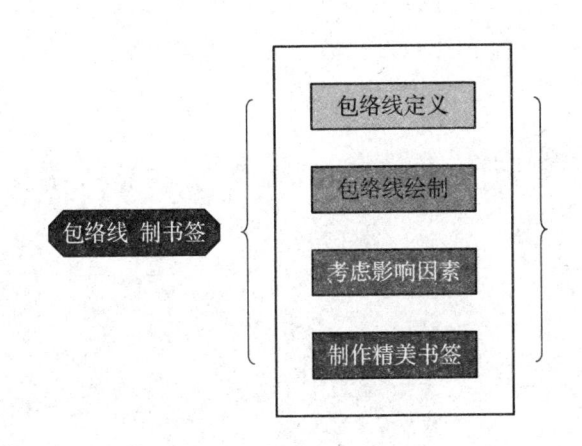

图3-2-1 "制作包络线书签"项目板块图

板块一:包络线定义。在实际应用中,包络线在信号处理、图像处理、光学、机械振动等领域都有着广泛的应用。它可以用于信号的滤波、图像的边缘检测、光学镜头的校准、机械振动的分析等方面。项目伊始,学生需先了解什么是包络线,因此本项目的指导教师会带领学生了解在不同情境中包络线的定义。如在信号处理中,包络线是指一个信号的幅值随时间变化的曲线。通过分析信号的包络线,可以提取出信号的一些特征,例如频率、幅值、相位等。在数学中,包络线通常被定义为一种特殊的曲线,它与一组曲线的每一条曲线至少有一个公共点。在几何学中的定义是一个曲线族的包络线,是与该曲线族的每条线都有至少一点相切的一条曲线。

板块二:包络线绘制。画包络线的方法主要有两种,一种是手工绘制,另一种是使用计算机绘图软件进行绘制。手工绘制需要选择适当的参数,然后通过求导数和求解方程组来找到包络线的位置和形状。这种方法需要一定的数学基础和几何直觉,而且可能比较耗时。使用计算机绘图软件进行绘制则更为方便和高效。

板块三:考虑影响因素。在实际应用中,包络线的形状和位置可能会受到多种因素的影响,例如参数的选择、曲线的形状和位置等。因此,在绘制包络线时需要综合考虑各种因素,并进行适当的调整和优化。本项目采用手工绘制,目的在于让学生体验包络线的绘制过程,感受数学来源于生活,数学应用于生活。

包络线的画法:画一个任意角度的角,在角的两边取等距离的相同个数的点,按顺序标上数字(点的个数按自己的意愿画);分别将角的两条射线上的第一个点与第 10 个点连接成一条线段,第二个点与第 9 个点连接成一条线段,以此类推,将 20 个点相互连接成 10 条线段。(如下图 3-2-2)

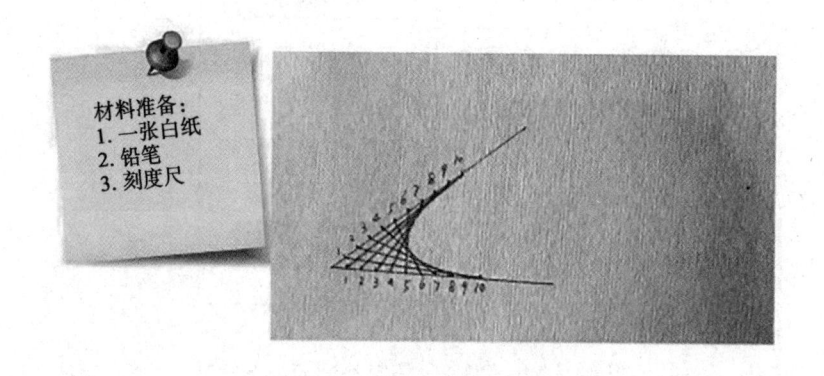

图 3-2-2　包络线的画法

探究曲线光滑度的影响因素时,教师可以通过微课视频中的几何画板和动手操作,从三个方面引导学生思考曲线形状的影响因素。

板块四:制作精美书签。同学们利用现有的材料,用包络线制作精美书签。

四　实施过程

本项目需要学生自备的材料有刻度尺、卡纸、铅笔、剪刀、彩线,具体包含认识包络线、绘制包络线、思考曲线形状的影响因素、制作书签四个阶段。

(一) 认识包络线阶段

同学们虽然每天都在用数学书,但是很少有人注意到北师大版数学书正文的页码处鱼的图形(如下图 3-2-3)。这条鱼的图形是由一些线条构成的,这些线条是怎样组合才变成这条鱼的呢？同学们通过网络查询发现包络线在现实中有很广泛的应用，比如在股票市场上的布林线、道路的设计、消防系统等。包络线的定义比较复杂，不属于七年级学生学习的范畴，本项目通过直接作图的方式简化定义，让同学们能更容易地认识和理解包络线。

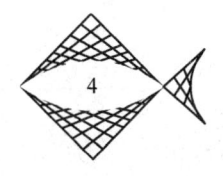

图 3-2-3　北师大版数学教材鱼形图

（二）绘制包络线阶段

先欣赏美丽的包络线图片，激发学生兴趣。如何才能画出这样的图片？图中的线是直线还是曲线呢？老师引导同学们进行激烈讨论。

教师介绍画线段的曲线的三种方案：在角中画、在两条垂直的直线上画、在圆中画。通过视频，动手操作，向学生展示在几个基本图形中如何画线段的曲线。同学们根据老师的操作步骤，完成画图。

以角中画线段的曲线为例：作图步骤：画一个任意角度的角；在角的两边取等距离的相同个数的点，按顺序标上数字（点的个数按自己的意愿画，本视频取 10 个点）；分别将角的两条射线上的第一个点与第 10 个点连接成一条线段，第二个点与第 9 个点连接成一条线段，以此类推，将 20 个点相互连接成 10 条线段。

（三）探究曲线光滑度的影响因素

有些同学画的曲线光滑度不够，这是什么原因造成的呢？是所取点的数量问题？是所取点之间的线段长度的问题？还是角的大小问题？

教师通过微课视频中的几何画板和动手操作，从三个方面引导学生思考曲线形状的影响因素。第一个任务：所取的点数和角度相同时，研究点之间线段长度对曲线光滑度的影响；第二个任务：所取点数和点之间的距离相同时，研究角度大小对曲线光滑度的影响；第三个任务：在角度相同且所取点之间的距离相同的情况下，研究所取点的数量对曲线光滑度的影响。下图是利用几何画板展示角度变化对曲线形状的影响。

(如下图3-2-4)

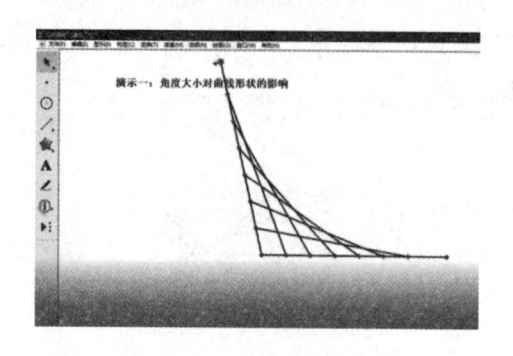

图3-2-4　角度变化对曲线形状的影响

通过师生共同探究，得出以下结论：在所取的点数和角度相同时，点之间的距离越小，曲线越光滑；在取点数和点之间的距离相同的情况下，角度越小，曲线也越光滑；在张角相同且所取点之间的距离相同的情况下，点越密集，曲线就越光滑。

（四）制作书签阶段

本环节通过微课视频向学生展示如何制作包络线书签。具体制作步骤：用卡纸剪出自己喜欢的书签形状（没有卡纸的同学可以把家里能用的材料利用起来）；利用刻度尺在书签的四周描出等距离的点，用剪刀剪出口子（或者各种形状的锯齿）；将彩线固定，然后按照画包络线的方法，将彩线缠绕到对应的口上；美化书签。

（五）评价阶段

利用《学习评价表》，让学生对自己的学习过程和结果进行自我评价，总结成功的经验并分析失败的原因。通过活动，学生能从不同视角想到解决问题的思路，在材料不足的情况下，能进行废物利用。同时通过本活动，学生的动手操作能力、对数学学习的兴趣及爱国情怀都能得到一定的提升。

五　项目成效

在这个充满创意与乐趣的活动中，学生们利用包络线制作书签，学生了解包络线的定义，能够在几何图形角、三角形和圆中探究包络线的画法，能够利用包络线设计精美书签，展现出了惊人的创意与手艺。

首先，学生们在活动中展现出了极高的热情与参与度。学生积极参与网络资源检索、筛选，他们积极探索包络线的不同形态与特点，将其巧妙地转化为独特的书签设计。在制作过程中，学生们充分发挥了自己的想象力与创造力，使得每一枚书签都独具特色。

其次，通过制作包络线书签，学生们提升了自己的动手能力与技艺。在精细的裁剪、粘贴与装饰环节中，学生们学会了耐心与专注，将自己的想法与创意化为实际的作品。这样的实践活动有助于培养学生的实践操作能力，提高他们的综合素质。

最后，包络线书签制作活动也促进了学生之间的交流与合作。在互相学习、分享经验的过程中，学生们不仅增进了彼此之间的友谊，还激发了团队之间的创造力与合作精神。这种团队活动有助于培养学生的集体荣誉感与团队协作能力。

综上所述，制作包络线书签活动在提高学生的创造力、动手能力与培养合作精神方面取得了显著的成效。此次活动不仅让学生们体验到了创作的乐趣，还为他们的成长与发展奠定了坚实的基础。

（撰稿者：深圳市坪山区光祖中学　张晓燕，李静）

创意 3‑3 "趣"造再生纸

一 项目背景*

《幼儿园教育指导纲要(试行)》指出,幼儿活动应贴近幼儿的生活,选择幼儿感兴趣的事物和问题,同时有助于拓宽幼儿的经验和视野。[①] 教育部《3—6 岁儿童学习与发展指南》(以下简称《指南》)也指出,要创设丰富的教育环境,最大限度地支持和满足幼儿通过直接感知、实际操作和亲身体验获取经验的需要。[②] 基于以上文件,并结合幼儿已有的生活经验,我们开展了"牛奶盒回收"活动。在"牛奶盒回收"活动中,幼儿通过跟家长一起在网上查阅资料了解到牛奶盒回收后可以再利用做成再生纸,从而对造纸产生了浓厚的兴趣。因此,大班第一学期选择以造纸为系列活动的主题,围绕"牛奶盒如何造纸?"这一驱动问题以及过程中产生的各个子问题,开展了一系列活动。

本次探究活动历时 20 周,旨在让幼儿感受我国优秀传统文化魅力的同时,以利用牛奶盒造纸为导向,尝试进行再生纸的制作,通过发现问题、解决问题、形成成果、展示交流、反思改进等阶段,培养幼儿的合作能力、创造能力、沟通交流能力等。

二 项目目标

(1) 了解纸的由来,能运用多种感官和方式探索造纸活动中纸的状态与变化,并进行表征记录。

(2) 能大胆提出想法并进行尝试,体验探索的乐趣。

---

* 该项目为幼儿园创意。
① 中华人民共和国教育部. 幼儿园教育指导纲要(试行)[EB/OL]. (2001‑07‑02)[2024‑01‑22]. http://www.moe.gov.cn/srcsite/A06/s3327/200107/t20010702_81984.html.
② 中华人民共和国教育部. 3—6 岁儿童学习与发展指南[EB/OL]. (2012‑10‑09)[2024‑01‑22]. http://www.moe.gov.cn/srcsite/A06/s3327/201210/t20121009_143254.html.

（3）通过学习和分享造纸术，感受中国古代文化的魅力。

三 项目内容

此项目分为五个板块：板块一为开始阶段，经验调研，顺应探究兴趣；板块二为发展阶段，深入探究，聚焦热点问题；板块三为结束阶段，团队合作，投入"高潮事件"；板块四为成果展示阶段，纸艺展览；板块五为分析评价阶段，总结反思。（如图3-3-1）

下图中，板块一是经验调研，顺应探究兴趣。本次研究的主题来源于幼儿的生活发现，幼儿需要了解纸的由来以及造纸的过程，根据问题，通过亲子调查、观看视频等方式获取信息。

板块二是深入探究，聚焦热点问题。在造纸过程中要明确造纸的四大流程及不同工具的使用方法，通过深入探究和亲身体验制造出完整的纸张，并在此过程中不断发现问题，解决问题。

板块三是团队合作，投入"高潮事件"。幼儿利用前期造纸经验，小组分工合作，探索多样化纸张的制作方式，并充分利用自制再生纸进行联想创意和表达表现。

板块四是成果展示，纸艺展览。将制作再生纸的经验和作品在幼儿园进行分享推广，让更多同伴了解牛奶盒造纸的过程和再利用生纸制作的各种手工作品。

板块五为分析评价，总结反思。通过多种评价方式对项目化学习的成果和不足之处进行反思和梳理。

四 实施过程

（一）开始阶段——发现牛奶盒可以回收造纸

在班级的牛奶盒回收工作中，孩子们每天会将喝完的牛奶盒进行清洗、晾晒、折叠和打包，最后送到幼儿园统一的存放点，等待回收站的叔叔每周来搬运。一天，孩子们像往常一样整理牛奶盒，有孩子提出疑问：回收的牛奶盒会被用来做什么呢？老师鼓励孩子们回家和爸爸妈妈一起讨论。第二天，宁嘉和小朋友们分享，她和爸爸通过网上搜索，了解到回收的牛奶盒会进行打包、压缩送往再生利用工厂，经过专业分离加工处理后，可以变成再生纸、塑料、花盆、长凳，还有各类型的环保再生产品。

当孩子们听到牛奶盒通过回收可以变成再生纸时，不禁兴奋起来，原来牛奶盒回

阶段	前期经验收集	建立共同的经验	阶段性成果
开始阶段	幼儿眼中的造纸： 绘本 亲子调查 观看视频 谈话	关于造纸： 纸的由来 造纸的过程：先有纸浆，需要一定的工具。	造纸工具的使用

经验调研，顺应探究兴趣：了解幼儿目前对造纸的认知水平，通过丰富、有趣的活动，激发幼儿的探究兴趣，并铺垫有关造纸的共同经验。

⇩

阶段	问题	探究活动	阶段性成果
发展阶段	如何分解牛奶盒？ 纸浆如何生产？ 怎么造纸？ 还可以造什么样的纸？	交流讨论：交流、选择探究问题。 信息检索：搜集问题相关信息。（视频、绘本等） 设计与实施：自主选择探究小组；合作聚焦本组问题，设计解决方案，并进行猜想与验证。	成功体验造纸过程

深入探索，聚焦热点问题：师生共同收集造纸材料，创生探索环境，小组合作进一步深入探究关于造纸的问题。

⇩

阶段	问题	探究活动	阶段性成果
结束阶段	如何造出更好看的纸？ 制作出来的纸可以做什么？	交流讨论：讨论还可以在纸浆里加入的材料，小组合作进行尝试。 制定计划：分组讨论再生纸的使用。 实施与调整：分组实践，在自评与互评中调整迭代。	花草纸、茶叶纸、麦穗纸、花生纸、彩色纸 书签、美术作品、自制图书

团队合作，投入"高潮事件"：回顾整体项目过程，拓展、联想生成新的探究方向，并对外展示项目成果，引发幼儿对项目的仪式感，以及项目结束时的成就感和收获感。

成果展示 ⟹ 纸艺展览

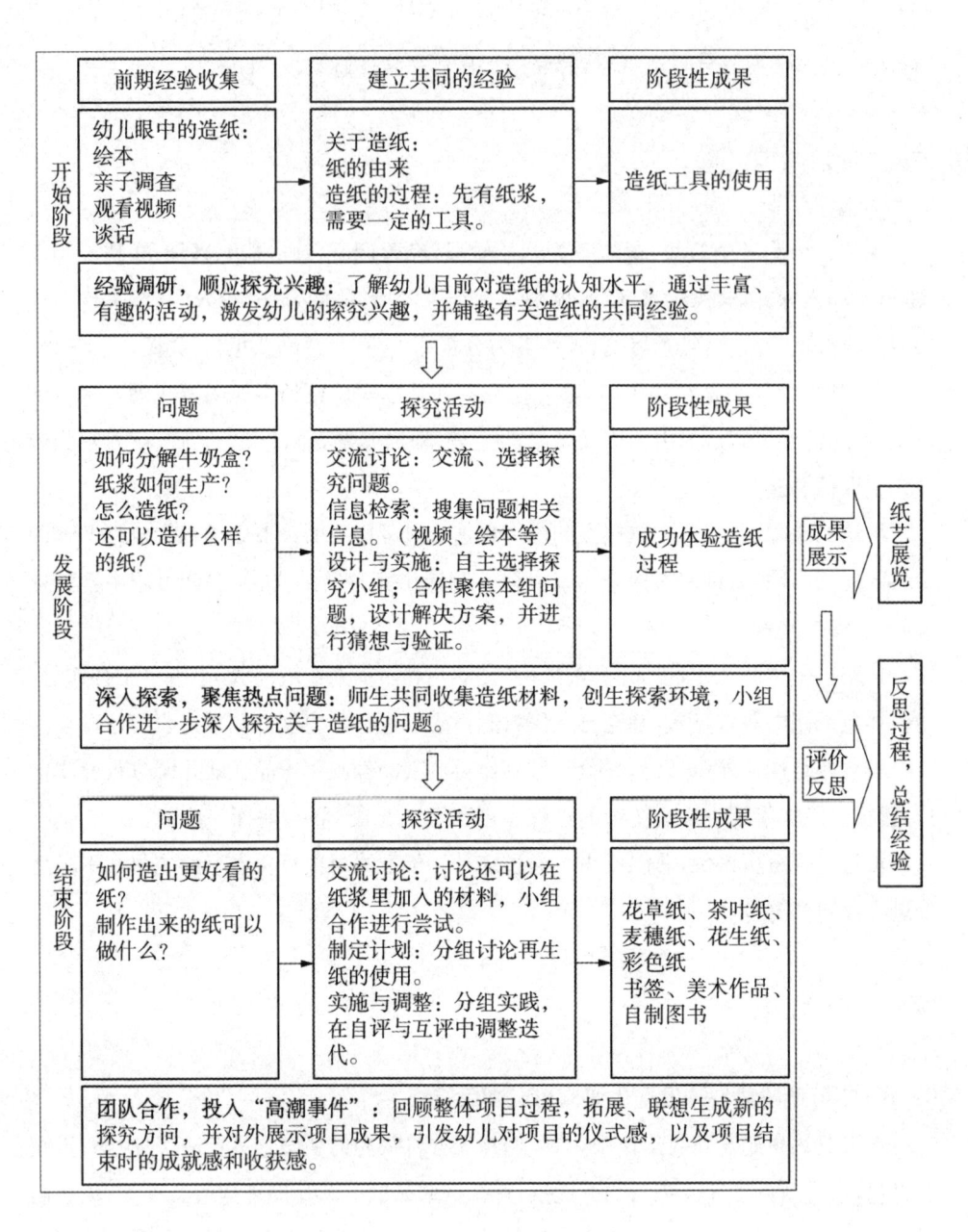

评价反思 ⟹ 反思过程，总结经验

图 3-3-1 《"趣"造再生纸》项目结构图

收后有这么大的作用，琪琪说："老师，我们也来造纸吧！"这一提议得到了小朋友和老师的大力支持。

1. 探索活动一：纸的由来

"纸"是我们日常生活必不可少的用品,也是幼儿日常接触较多的操作材料。而纸的种类繁多,其特点和用途也各不相同。为了丰富幼儿关于纸的相关经验,我们对班级的纸张开展了调查,引导幼儿寻找教室里的纸,并结合自己的经验进行分享。

原来除了画纸、卡纸,生活中还有那么多纸制品,不同的纸张有不同的颜色、样式和作用。教师在美工区投放了不同类型的纸制品供幼儿进行操作使用,如纸巾筒、牛皮纸、瓦楞纸、皮纹纸、纸盒、广告纸、纸吸管等,由此,孩子们对"纸的由来"产生了浓厚的兴趣。

追随幼儿的兴趣点,教师带领幼儿通过观看图文视频、查阅资料等一系列活动,了解纸从古至今的演变过程,知道了造纸术是中国四大发明之一,发明造纸术的人叫蔡伦。

2. 探索活动二:蔡伦造纸

东汉的蔡伦改进造纸术,在前人利用废丝绵造纸的基础上,增加造纸的原料,采用了树皮、麻头、破布、废渔网为原料,经过搓、捣、抄、烘等工艺程序,制出了一种既轻便又经济的纸张。通过教师讲述《蔡伦造纸》的绘本故事及观看相关动画视频,幼儿不仅了解了纸的历史,深切感受到了古人的智慧与造纸术的神奇,还特别想尝试当一回小蔡伦,对造纸这事儿跃跃欲试。

对于幼儿来说,造纸可谓是一个大工程,一定得用那些原材料才能造纸吗?造纸的程序具体是怎样的?纸浆又是什么?又该怎么做呢?第二天,有小朋友带着他的发现开心地向大家分享道:"网上有造纸的材料包,里面有纸浆,还有胶水和工具,我们可以用废纸来做。"

教师:这是个好主意,我们已经了解了古法造纸,大家可以借鉴古法造纸的步骤。

舒涵:老师,美工区有很多报纸,还有一些我们做手工撕碎的纸是不是也可以造纸?

教师:你们的想法特别好,可以试试看哦。

韦铭:我们把它造成纸,又可以重新使用了。

教师:现在用的纸有两种做法。一种是我们了解到的用木材、竹子、棉等含纤维的材料制作的原生纸。另一种用废纸重新造的纸叫再生纸,再生纸是一种低能耗、轻污染的环保型用纸。

《指南》中指出:"幼儿能爱护身边的环境,注意节约资源。"在寻找原材料时,幼儿能够联系实际情况,寻找适合的材料进行造纸。最后,幼儿决定使用班级日常回收的牛奶盒来制造再生纸。

3. 探索活动三：牛奶盒造纸法

顺应孩子们的好奇心与探究欲,并为幼儿拓展关于牛奶盒造纸流程的经验,我们开展了亲子调查活动,如何用牛奶盒造纸? 这一举措得到了爸爸妈妈们的支持,爸爸妈妈带领孩子们一起查阅资料总结方法,用流程图的方式画图记录,孩子们带到幼儿园相互交流分享。(如图3-3-2)

图3-3-2 分解牛奶盒流程图

通过孩子们的分享交流,结合亲子共同绘制的流程图,老师和孩子们一起确定了牛奶盒造纸的流程:先将牛奶盒清洗干净,然后把盒子剪碎,通过浸泡,在纸完全分解后,搅拌成纸浆进行造纸,同时也了解到造纸的四道工序为:碎、泡、抄、晒。

4. 探索活动四：造纸工具的使用

通过前期的知识建构,老师布置了收集工具的小任务,孩子们根据造纸工序开始收集造纸工具。

萌萌:我家里有打蛋器,我妈妈用来搅拌鸡蛋的,我们可以用来搅拌纸浆。

湉湉:教室美工区就有很多剪刀,可以用来剪碎。

小艺:老师,你可以给我们买造纸框吗?

教师:可以的。

冰冰:创客区里就有很多很大的盒子,可以用来放纸浆吧。

第二天,孩子们带回了部分工具:打蛋器,勺子等,同时收集了教室里的剪刀和收纳盒,老师为孩子们提供抄纸框和白乳胶。在收集造纸工具的过程中,幼儿逐渐了解到工具的用途和使用方法。

第一阶段总结分析：第一阶段，在牛奶盒的回收活动中，幼儿提出问题，通过亲子调查的方式发现了牛奶盒回收的"秘密"，也在这个过程中产生了兴趣点，计划尝试造纸。他们先在教室里对各种各样的纸的特质进行了比较和了解，接着对纸的由来和造纸过程及需要用到的工具进行了一系列的探索。在这个过程中幼儿如同行动研究者一样，经历了"诊断问题—调查—计划—行动"的过程。

（二）项目发展阶段——牛奶盒造纸

通过第一阶段的学习，幼儿已经明确了分解牛奶盒的步骤和制作纸浆所需要的工具，尝试造纸的欲望也愈发强烈。

1. 探索活动一：分解牛奶盒进行浸泡

一开始，大部分孩子在将牛奶盒由完整变成小块时使用了前期查找到的方法：用剪刀剪碎。过程中有小朋友提出"我每天都去剪，可是要剪好久，牛奶盒太硬了"这一问题后，有的小朋友说，我是先撕开再剪的就容易多了。在大家交流分享经验后，孩子们开始放下剪刀徒手将牛奶盒撕成一片一片。

他们把撕碎、剪碎后的碎片用水浸泡在从创客区找到的收纳盒里，可是需要泡多久才可以呢？在上午的时间里，一直不断有孩子去观察，发现纸片摸起来还是硬硬的，并在尝试分解牛奶盒碎片时，发现并不能分开。等到快放学时，小艺说："我发现有的牛奶盒纸已经软软的了，是不是可以分解了呢？"小艺尝试分解，发现小片的牛奶盒已经能够分解了，但大片的中间部分还是硬的，并不能成功分解。

第二天孩子们来到幼儿园，惊喜地发现，所有的牛奶盒纸都已经泡软了，早餐后他们便开始尝试分解。

孩子们七嘴八舌地说着自己操作中遇到的问题和一些新发现，原来用剪刀剪得太小，不容易分离，反而是撕得大块一些的更好分离。幼儿的科学学习是在探究具体事物和解决实际问题中，尝试发现事物间的异同和联系的过程。在活动中，我们经常进行以幼儿为中心的回溯性谈话，结合操作情况和教师拍摄的图片、视频向同伴表述自己的发现、困惑，根据问题展开讨论、演示等多种方式解决问题，层层递进，循环往复，力求在调整后呈现更好的效果。

2. 探索活动二：做纸浆

在完成了碎纸和泡纸两道工序后，接下来将进入第三道工序——抄纸。在抄纸前孩子们需要将泡好的纸做成纸浆。

班级的牛奶盒流水线每天源源不断地分离出纸浆原材料,下一步是用这些原材料生产纸浆。对于生产纸浆的方法,幼儿分小组进行不同方式的尝试和探索。第一小组将分离出来的纸片用捣药罐捣碎,发现纸片很难被捣碎成浆;第二小组的小朋友直接手撕纸片,将纸片撕成小小的一块,但发现手撕后的纸片再加水无法成为纸浆的状态。

捣纸浆是一个大工程,在尝试失败后,彬彬提出可以把家中的小型榨汁机带来给小伙伴们打纸浆。有了榨汁机的助力,成功造出纸浆,但同时也出现了新的问题,小型的榨汁机无法造出很多的纸浆,如果加入过量的纸,榨汁机会卡住。后来老师与彬彬妈妈联系,榨汁机由于榨过量的纸张,停止工作了。彬彬妈妈说是因为榨汁机的功率太小了,所以无法支持榨大量的纸张。

第二天,彬彬又从家里带来了绞肉机,绞肉机的刀片锋利,功率也大了不少,于是,很快就造出了大量的纸浆。

通过运用不同的工具探索制作纸浆的方法,幼儿得出结论:用榨汁机能造出纸浆,当造纸需要大量纸浆时,可以使用家用绞肉机操作,但一定要把盖子盖好再按下启动键。

3. 探索活动三:抄纸晒纸

班级分解牛奶盒、生产纸浆这条流水线每天不间断地进行着,活动进入正式的造纸环节。孩子们开始根据在网上学习到的抄纸方法,尝试将做好的纸浆倒入盆中,加入白乳胶,开始搅拌。小艺将抄纸框放入盆中,轻轻地晃动,发现抄纸框上的纸浆并不能均匀铺开,抄出的纸凹凸不平。琪琪也开始尝试,发现她的造纸框上并不能完全铺满纸浆,有很多的洞,她用手指碰了下,洞变得更大了,她一脸疑惑,老师说没关系,要不我们先晒干了看看。天气晴朗,孩子们便提议去花园晒纸。吃完午点后,孩子们欣喜地发现:纸晒干了,变得硬硬的,琪琪轻轻地把纸从造纸框上揭下来,孩子们兴奋地欢呼,这是他们完成的第一批纸。冰冰提出"可是纸上面有很多的洞,这该怎么办呢?"

4. 探索活动四:造出完整的纸张

基于孩子们遇到的问题,老师提议分组进行探究。幼儿分为两组,通过亲身体验实际操作过程,找到抄纸的最佳方法,并用小组讨论的方式记录下抄纸过程中的问题和发现,经过组长发言、师幼共同梳理,总结抄纸经验。(如表3-3-1)

表 3-3-1　各小组探究过程中的问题与策略

小组	发现问题	幼儿猜测	策略	调整后的结果
第一组	造出来的纸破了	在抄纸时,小朋友们没有把纸浆都铺满造纸框,留下了洞。	抄纸时在水中左右晃动造纸框,使纸浆能完整地平铺在造纸框中。	造出来的纸较完整和平坦,仍存在少数撕的时候留碎纸在造纸框里的情况。
		小朋友从抄纸框上撕下来时太用力了。	从抄纸框上撕纸时需要从一个角开始轻缓地撕下。	取出来的纸边角完整,但有时还是会出现取一半时剩一些纸在造纸框的网上的情况。
		抄纸框里的纸浆还没完全干。	1. 将抄纸框倾斜至接近竖直的方式进行晾晒,确保水能更快流出。 2. 晾晒要找有太阳的地方。 3. 天气阴或有雨时,用吹风机吹干。	能较完整地将抄纸框上的纸撕下来。
第二组	造出来的纸厚度不一样	一张舀出太多纸浆了,一张舀出太少。	用量杯测量水的量、用电子秤对纸浆进行称重,反复试验和对比: 1. 当纸浆的量不同,水的量相同时,造出来的两种纸的情况。 2. 当纸浆和水的量相同,一份用勺子舀、一份用抄纸的方式造纸,造出来的两种纸的情况。 3. 观察搅拌均匀和未搅拌均匀时,造出来的两种纸的情况。	纸浆越多,造出来的纸越厚,也就是水越多,造出来的纸越薄。
		因为一张用勺子舀纸浆,一张是用抄纸的方法,将抄纸框放进去再拿出来的。		分别用勺子舀纸浆造纸和抄纸时,使用纸浆的量相同,则最后造出来的纸的厚度接近。抄纸造出来的纸表面比勺子舀的方式更平坦。
		如果没有将水和纸浆搅拌均匀,舀出来的纸浆就是一大块的。		在造纸时,如果没有将抄纸框中的纸浆和水搅拌均匀,造出来的纸容易凹凸不平,有的地方薄、有的地方厚。

经过两个小组的探索与实践发现:抄纸时要让纸浆均匀、完整地平铺在抄纸框里;在取纸时要等待抄纸框上的纸浆完全干了后,沿着纸的边角轻缓撕下,才能将纸更完整地取出;另外纸的厚度跟纸浆与水的比例有关,纸浆越多,造出来的纸越厚,也就是水越多,造出来的纸越薄。

5. 探究活动五:比较再生纸与普通纸

在观察我们做出的纸后,孩子们有了新的发现:"我们做出来的纸和我们画画的白纸不一样呀?"

冰冰:好像是不一样。

湉湉:白纸摸上去滑滑的,我们做的纸摸上去不滑。

彬彬:摸上去不舒服,有点像石头的感觉。

琪琪:我想用做的纸折一个小船,一下子就烂掉了,折不起来。

琪琪:纸看上去皱皱的,白纸很光滑。

容容:我们做的纸怎么和白纸不一样白呢?

造出再生纸后,幼儿通过观察,对再生纸与普通纸进行初步的比较:再生纸的表面比普通纸粗糙、再生纸比普通纸容易破损,并以此开始探索两者的特性。

(1) 吸水性:花儿朵朵开

幼儿将普通打印纸、再生纸、卡纸和瓦楞纸分别制作"纸花",将花瓣折叠后同时放进水中,发现再生纸的"花"打开的速度最快。

(2) 吸水性:纸的晕染

幼儿在再生纸和普通纸上用滴管滴了一滴颜料水,发现再生纸上的水更容易晕开。

(3) 透光性:纸的透光

幼儿用手电筒分别照射再生纸和普通打印纸的其中一面,观察另一面的光影,发现普通纸上的光影相较再生纸的更亮,判断是由于再生纸比普通纸厚。

幼儿科学学习的核心是激发探究兴趣,体验探究过程,发展初步的探究能力。在观察再生纸时,能发现与白纸两者的区别,幼儿通过观察、比较、操作、实验等方法发现问题,分析问题和解决问题,在实践中感受科学的乐趣,锻炼动手能力,提升观察、分析、归纳能力。

第二阶段总结分析:在第二阶段,幼儿重点进行了"碎、泡、抄、晒"的造纸四道工序的探索。在造纸的过程中,幼儿通过思考和实践,在反复实验和对比中知道了"如何造出完整的纸"，并利用电子秤、量杯等探索造出来的纸的厚度不一致的原因,最终推理、总结出造纸经验。初步解决了他们在项目开始阶段提出的核心问题:如何造纸？伴随着幼儿发现他们造出来的纸跟我们生活中或学习中使用的纸都不一样后,其实这指向了一个更大的问题:古法造纸和现代造纸技术的不同,遗憾的是,教师曾想给幼儿提供去造纸的工厂参访和现场听讲解的机会,但是最后因为一些客观原因没能实现。

(三) 结束阶段——制作多样化的纸

通过第二阶段的造纸,幼儿已经成功做出许多再生纸,并提出想张贴在墙上装饰环境的想法,但牛奶盒造出来的纸是白色的,贴在墙上不好看。那怎样造出更好看的纸呢？孩子们产生了各种想法,并积极付诸实践。

1. 探索活动一:花草纸

幼儿园的紫花风铃木开了,风一吹花瓣飘落下来,像一阵花瓣雨。在一次沙池活动时,孩子们看到掉落在地上的花瓣,小艺拾起花瓣说:"我们可以把花瓣铺在做好的纸浆上,这样做出来的纸会更漂亮,我在网上就看过这样的纸。"小艺的提议得到了同学们的认同,孩子们找来篮子,捡起地上的花瓣和落叶带回了教室。孩子们将收集的花瓣、落叶收集起来,撒进纸浆创意摆放,拼成各式各样的花纹图案,制作出一张张美丽的花草纸。

2. 探索活动二:彩色纸

在一次剪纸活动中,凯凯发现了纸是彩色的,跑过来问老师:"老师,我们也可以做彩色的纸吗？"当然可以了,老师立马利用班级的多媒体一体机查找制作彩色纸张的方法,发现彩色的纸原来是需要在纸浆中加入一定比例的染料,进行充分搅拌后再进行抄纸制得纸张。在寻找到方法后,孩子们拿来了科学区的色素,根据自己的想法,开始制作彩色的纸。

3. 探索活动三:花生纸

琪琪在一次区域活动中提到,她和妈妈之前在网上看过有人做花生纸,也想试一试。孩子们利用捣碎器将花生捣碎,加入在纸浆当中。孩子们观察到:"咦,我们造的花生纸引来了蚂蚁""蚂蚁会来吃我们的纸"。造花生纸的想法就此终止。

4. 探索活动四:再生纸的创作

相比普通的白纸,再生纸的质地更为特殊,它自带一种自然的纹理和质感,这使得幼儿制造出的每一张再生纸都变得独一无二。

姝琰：我想在我做的纸上画画。

洪翊：我们做的再生纸没那么光滑，我可以用它来打底。我想给它染一个颜色。

嘉忆：我想用干花给它装饰一下，变成一张卡片。

舒涵：我要用它做一些书签。

梓灵：我们也可以用再生纸写字。

幼儿不仅通过添加辅助材料去优化纸张，将造纸活动推向新高度，再生纸一张张的制造也激发了幼儿强烈的创作欲望。那就大胆地试试吧！再生纸在幼儿的创作下，摇身一变，变成了一幅幅有趣的作品，一张张漂亮的书签、精致的卡片……

教师：我们的再生纸还有这么多，还可以用来做些什么呢？

悦悦：老师，主题展示角有我们做的造纸集，我们可以把这些纸做成一本书。悦悦的提议得到了大家的赞同，于是我们便根据不同的再生纸颜色，开始进行自制书的创作，而内容可以是孩子们的画集，也可以是孩子们绘制的一个故事等。

第三阶段总结分析：在第三阶段，幼儿已经不再满足于简单的造白纸了，而是有了更多的奇思妙想。通过再生纸的创作，幼儿在一次次尝试与探索中，不仅巩固了造纸的基本技能，他们的想象力与创造力也进一步被激发，使得更多的创意涌现出来。通过自主表达创作，联系生活中的事物，造出了形态各异的纸张。在整个过程中，幼儿真正成为促进项目推进和运行的主导者，他们在教师的帮助下不断去探索项目中的问题，不仅成为问题的提出者，也成为问题的解决者。

(四) 成果展示——纸艺展览

伴随着活动的深度开展，孩子们的成果越来越多，面对这么多的作品，他们决定举行一次造纸项目展，邀请幼儿园其他班级的小朋友来看看班级的造纸活动和作品，于是孩子们又展开了讨论。

梓灵：我们可以设计一些海报去做宣传，还可以贴在我们班级门口，这样大家就能看到了。

洪翊：那还需要一个讲解员，就像我们去旅游时一样，他可以告诉大家我们这些作品是怎么做出来的。

舒涵：我擅长造纸，我可以负责教他们造纸。

嘉忆：那我们快快行动起来吧！

于是她们商量着做出以下分工：有的负责绘制海报，邀请小朋友；有的负责做小老师教小朋友造纸；有的负责讲解作品。计划宣传组负责制作活动海报，向其他班级的小朋友发出邀请，来现场参加造纸项目展。讲解组负责向小朋友介绍造纸技术、操作要求，讲解员大方讲解，丝毫不胆怯，参观的小朋友也对造纸活动赞不绝口。示范组负责示范造纸术的过程，并协助和教小朋友尝试造纸。

幼儿根据分工认真地完成自己在项目发展中的角色和任务，学会与同伴相互合作，同时积极与他人分享自己成功的经验和体验，获得自信心和满足感，从而构建新的知识经验。

（五）分析评价，反思总结

本项目案例荣获 2023 年广东省项目式学习案例三等奖，在梳理案例参评的过程中，老师们也分析了此次探究活动的不足之处，按照"评价取向，关注品质；评价结果，倾向能力；评价过程，人人参与"的动态评价机制，通过幼儿能力发展评价表，对幼儿行为背后呈现出的能力水平进行评价，并随机采访了几位幼儿参与者，通过选项的方式对造纸活动及工作人员进行评价，以便从更多角度进行反思和总结。除了自评和互评，教师还利用项目学习检核表来发现他们最近发展区需要提升的能力，并给予关注，从而更好地支持幼儿。但由于课程资源的有限，探究方式聚焦在调查、资料学习上，如果有专业造纸人员的支持，能够使幼儿的探究更加深入，幼儿园可形成项目课程支持小组，提高资源协助能力，帮助幼儿进行更深入的探究。

五 项目成效

在本次项目化学习探究活动中，以牛奶盒回收利用为切入点，幼儿通过了解纸的由来、制作再生纸、再生纸创意联想等系列活动，感知中华优秀传统文化的魅力和博大精深。

1. "'趣'造再生纸"项目的主题来源于幼儿真实的问题情境，有讨论空间并且有开放性结果，让幼儿发散思维，持续思考，并进行深度学习。通过牛奶盒造纸让幼儿对资源的回收利用有了新的认识，并在制作再生纸的过程中，激发了幼儿的创新意识，通过项目成果展在幼儿园广泛推广，让中华传统造纸文化得以传承和发展。

2. 在项目制定阶段，老师根据项目所涉及的核心知识和核心素养，与幼儿共同讨论项目的任务并制定项目方案。教师对活动的设计和内容的把握及实施的操作性较强,是根据幼儿一系列的探究问题而来,幼儿在发现问题、思考问题和解决问题中积累了探究的方法,创新、运用并获得新知,锻炼了能力,达到深度学习。教师在这一学习过程中,扮演着幼儿的引导者、支持者、合作者的角色,与幼儿共同探索,完成项目。

3. 项目化学习的评价具有多元性,遵循过程性评价和总结性评价相结合、自评和他评相结合的原则。同时,评价的目的是以发展幼儿的核心素养为指向,不仅关注幼儿在活动过程中所习得的知识技能、核心素养品质,也关注对幼儿的非智力因素、实践能力和创新能力的评估,促进幼儿的全面发展。

总的来说,本次项目化学习活动增进了幼儿对造纸文化的了解,并在传统文化的基础上萌发了创新意识;更重要的是让幼儿初步形成了资源节约、回收利用的意识。

(撰稿者:深圳市坪山区紫竹幼儿园　林建宏,郭柯,罗燕)

创意 3-4　制作微观粒子模型

一　项目背景

2019年1月25日,教育部发布《教育部关于加强网络学习空间建设与应用的指导意见(教技〔2018〕16号)》,倡导建设学习型社会,提倡中小学教师利用互联网开展备课、创新课堂教学、家校互动等活动,促进在线开放课程应用和网络研修等日常活动,为培养具有创新精神和实践能力的新一代人才助力。[①] 在"互联网+教育"时代,教育信息化2.0行动也应运而生,学生也利用互联网参与校内外教学活动、研学活动,记录成长过程和综合素质评价过程性数据。《义务教育科学课程标准(2022年版)》指出:物质的性质决定了其功能与用途。认识物质的组成、结构、性质及用途,有助于学生形成物质与能量、结构与功能、系统与模型、稳定与变化等跨学科概念。[②]

项目思路来自小学科学六年级教材中关于物质由微粒构成的内容,化学用语教学中的"物质构成的奥秘"被视为教学难点。因此,我们需要以生活化的方式引导学生从宏观世界迈向微观世界。本项目采用"理想模型"这一科学方法,结合多学科知识,通过制作常见的物质微观结构模型的方式,以黏土为材料,增进学生对于小学阶段化学学科知识学习的特征和本质规律的认识,促进学生宏观辨识与微观探析等核心素养的发展。

二　项目目标

在智慧教育的背景下,跨学科课程设计为指导学生微粒观的构建提供了新的途径和可能性。通过个性化教学、实时反馈和增强互动性的方式,智慧课堂更高效地指导

[①] 中华人民共和国教育部. 关于加强网络学习空间建设与应用的指导意见[Z]. 2018-12-12.
[②] 中华人民共和国教育部. 义务教育科学课程标准(2022年版)[S]. 北京:北京师范大学出版社,2022:19.

学生微粒观的构建。通过这些方式，我们有望在 STEM 教育理念指导下更高效地培养学生的微粒观，提高他们的科学素养，达成如下项目目标。

（1）掌握 VESTA 软件的基础操作，能绘制微观物质结构图，并依据结构图制作微观粒子模型。

（2）掌握显微镜的使用方法，观察掌握基本细胞结构。

（3）掌握科技作文的基本写法，并将所学知识进行总结。

（4）形成宏观向微观转变的意识，初步形成微粒观。

三 项目内容

本项目共分为掌握科学知识、艺术性设计与制作和实验探究三大板块。（如下图 3-4-1）

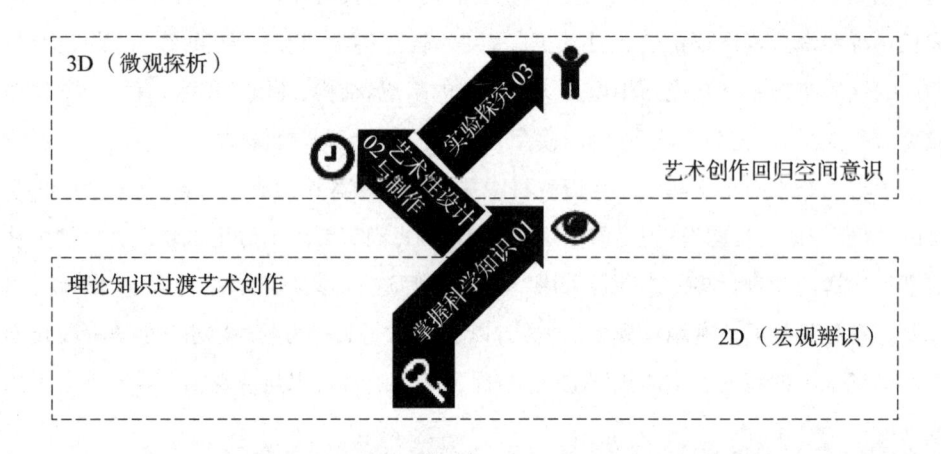

图 3-4-1　手工黏土制作微观粒子模型项目图

板块一：掌握科学知识。课程利用人工智能技术辅助教学，让学生在制作过程中深入了解植物细胞的结构和物质的分子原子结构。例如，利用黏土制作植物细胞模型，让学生学习显微镜的使用，观察细胞各部分的形态和关系，从而更好地理解植物细胞的构造和功能。基于三年级科学食盐的蒸发与提纯课程，进行了实验验证、VESTA 观察设计食盐空间模型并用黏土制作模型的系列学习。这种实践式的学习方法，将理论知识与实际操作相结合，有助于提高学生的学习兴趣和积极性。

板块二:艺术性设计与制作。在 STEM 教育理念的指导下,本课程实现了科学、信息技术以及美术的跨学科整合。运用人工智能技术,学生在学习《空气的组成》《混合与分离》课程科学知识的过程中,运用黏土物化所学知识为:空间模型态食盐、苯环、氧气、氢气和二氧化碳等常见物质;学习四年级植物,通过显微镜、VESTA 软件辅助制作植物细胞的黏土模型等活动,同步提升科学、信息技术及美术方面的素养。这种跨学科整合的教学模式,旨在全面提升学生的综合素质,培养他们的创新精神和实践能力。

板块三:实验探究。本课程设计一直秉承着理论与实践相结合的原则,会充分尊重学生在课堂上的主体地位,激发他们的求知欲和探索精神。针对学生提出的问题,如食盐的溶解结晶秘密,教师组织实验探究,帮助学生实现宏观与微观的转化,从而提升他们的综合素质。通过教师讲解食盐的化学成分、引导学生利用显微镜等观察工具晶格结构以及观察食盐在水中的溶解机制,深入探讨食盐晶体在溶液中的微观形态。帮助学生实现宏观现象(食盐溶解)与微观结构(食盐晶体)的转化,使他们更好地理解结晶溶解的奥秘。

四 项目过程

围绕 STEM 教育理念,多学科辅助的教学模式着力打造能够培养学生问题意识的跨学科融合课堂。课程项目实施可分为四个阶段:准备阶段以激发学生对微粒观培育的兴趣为主导;实施阶段以智慧课程为支柱,实现跨学科整合;总结阶段以智慧教学为核心,实现从具体到抽象的升华;评价阶段则以"五破五立"为标准,实施个性化智慧评估。伴随着课程开发小组对于课堂教学策略的研究与实践,学生的参与意识、主体作用得到充分体现。

(一) 准备阶段:兴趣为先导,激发学生微粒观培育的热情

为了使学生们更好地理解微观粒子这一抽象的科学概念,一群富有创意的教师决定将手工黏土制作与微观粒子课程相结合,设计出一套行之有效的教学方案。通过集体研讨,深入了解黏土制作微观粒子的可行性及其在教学中的优势。研究发现,手工制作可以帮助学生直观地感知微观世界的形态和特性,从而更好地理解微观粒子的理论知识。在明确了目标之后,教师们共同设计了系列实施步骤,以确保课程的顺利

推进。

(二) 实施阶段:以智慧课程为依托,实现跨学科融合

在小学科学课堂上,人工智能技术的应用正改变着传统的教学模式,为学生们提供更加生动、直观的学习体验。通过引入人工智能技术,我们能够将复杂的分子结构形态以立体、生动的方式展示给学生,使得他们对抽象的科学概念有更深刻的理解。课程设计的手工黏土制作微观粒子模型活动,更是一次以艺术展示科学事实的初步尝试。

1. "异质"小组组合搭配,引导学生自主探究

本课程的实现形式主要是小组合作,所以组建一个"合适"的团队是开启学习的首要任务。学习内容复杂多变,因此合理的小组人数分配和学生组合至关重要,组队人数太多会削弱了某些成员的重要性,人数太少则成员的工作量太大,纳入混合型人才的4—6人"异质"团队才是理想的团队。教师可以设计一份调查问卷或者清单让学生勾画他们的"优势",帮助学生进入合适的团队。当然,为了项目能顺利地进行,教师会监控整个项目的进展,根据情况拥有随时调整组员的权利。

2. 设计学习日记模板,引导学生自主探究

围绕已确定好的"晶体知识与模型制作任务",学生以小组为单位,以小组合作为原则,展开了为期12周的一系列研究——查询资料、汇报本组晶体相关信息、制作晶体设计图、制作晶体模型、思考总结、汇报与展示等。教师首先向学生介绍微观粒子的基本概念,如原子、分子、离子等,让学生对微观世界有一个初步的认识。接下来,教师引导学生观察生活中的微观现象,例如水分子在表面张力的作用下形成的圆形水滴,以及气体分子在受热膨胀时的运动状态。为了让每个小组的学习过程更加规范和可视化,本课程开发伊始制作了学习日记以及小组学习日志供所有小组使用。小组的每一位成员只需要按照日记模块的顺序实施他们的计划。

3. 制作微观粒子模型,实现二维三维转化

基于中小学生的认知发展规律,我们在小学科学教学中融合语文、美术、数学等学科,将抽象内容具体化、隐性内容显性化,在亲历体验中,感悟化学物质的微粒分子、原子的结构特点、微观本质和成键规律。教师向学生分发手工黏土材料,并教授如何制作微观粒子。学生可以根据自己的想象力和对微观粒子的理解,创作出独具特色的微观粒子作品。在这个过程中,教师适时引导学生探讨微观粒子的性质和特点。通过给

学生动手自制物质微粒模型、动脑思考物质结构空间效果、自主探究 VESTA 软件使用的机会,激发学生的学习兴趣。通过模型模拟将二维、三维进行高效转化,帮助学生理解每一种存在物质的空间构型,实现物质与球棍模型双重表征的有效关联。(如下图 3-4-2)

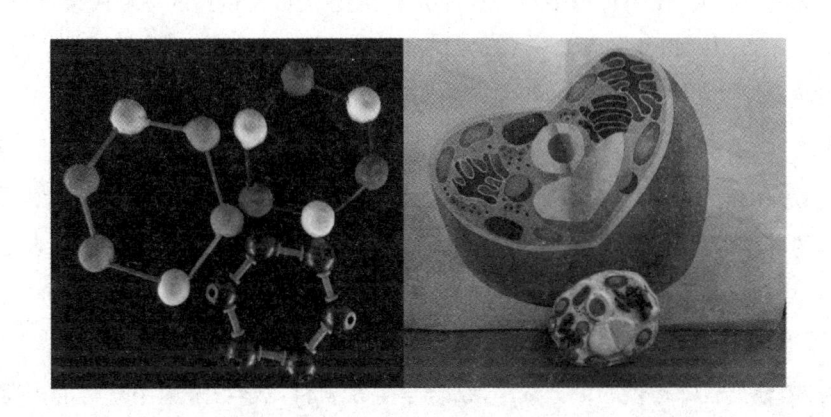

图 3-4-2　学生自制苯环模型(左)、植物细胞模型(右)

(三) 总结阶段:跨学科教学为主线,实现从具体到抽象的转变
系列课程结束后,组织学生展示自己的作品以及《晶体小组学习日志》,并与同伴分享创作思路和感受。通过这一环节,学生可以互相学习、借鉴,从而丰富自己的认知和创意。同时,教师对学生的作品进行点评,指出作品中的科学性错误,并给予正确的指导。

课程同步形成的《晶体小组学习日志》能高效集中学生智慧,提升团队合作能力。但是学生个性化成长同样不可忽视,个人成长日记的设计就是引导学生"自适应学习"。我们遵循 STEM 学习环节,遵循学生认知发展规律,加快培养学生的自主学习能力。学生自制学习日记本,经过系统学习后,每一位学生都能形成专属于自己的学习日记,记录自己的学习过程。课程末尾,学生记录感想,发挥语文学科的积累运用特征,深化学习所得。

(四) 评价阶段:"五破五立"为准绳,实现个性化智慧评价
通过本课堂教学体系的研究与开发,对学生的课堂表现数据记录进行整理、分析,基于学生的基本学情与综合素养制定个性化的学习方案,做到因材施教,个性化指导,加速提升本课堂教学的质量和水平。依托 STEM 跨学科课程与"班级优化大师""红蜘蛛""极域电子教室""Arduino 平台""问卷星"等优质人工智能基础手段，深耕课堂，培养学生自学能力，并以全新的评价机制与手段，对学生进行全方位的评价。教师和学生还可以利用微信、小程序等新媒体技术作为评价工具，应用在以下场景中。

首先，学生们在学习过程中将项目任务卡、反思表以及最终的项目成果进行拍照，并上传至小程序。此举为学生个人和小组的项目化学习轨迹提供了可视化记录，形成了项目化学习的电子档案袋(E-Portfolio)。

其次，学生们可以通过小程序分享他们在项目化学习过程中的作品和精彩瞬间。在尊重版权的前提下，学生、家长和教师都可以在平台上查看各个项目，实时掌握和监控项目的进度、完成情况以及学生们的作品和表现。同时，平台还允许用户点赞并发表评论，从而获取多主体的形成性评价信息。这些评价信息可以是量化的点赞和评分，也可以是描述性的评价。

再次，根据教师提供的评分标准，结合学生在项目化学习过程中获得的点赞数和最终打分情况，小程序可以自动生成学生个人的学业报告单。这种报告单将形成性评价（如点赞或评语）与终结性评价（如评分与评语）、主观评价（如评语）与客观评价（如评分）等评价方式有机地结合在一起，为学生提供全面而准确的学业评价。

最后，为了评估微粒观培育系列课程的成果与成效，我们进行学前和学后的抽样调查。我们运用问卷星和大数据对四五年级的 900 名学生进行随机抽样调查，共回收 279 份有效问卷。通过 SPSS 和 Excel 软件分析，发现课程对学生微粒知识掌握程度有积极影响。实验数据显示，经过 12 周的学习，学生对微粒的认知有明显提高。例如，在学习前，学生对食盐微观结构存在误区，但学习后能给出正确答案。因此，本课程对培养学生的微粒观具有积极作用。

五　项目成效

通过将手工黏土制作与微观粒子课程教学紧密结合，学生在轻松愉快的氛围中掌握了微观粒子的相关知识。教师通过直观手段帮助学生建立宏观和微观的联系，引导学生用微粒观解释宏观事实和现象，让学生亲身体验微粒知识的发现过程，体会微粒知识中所蕴含的思想和方法，感悟微粒知识的应用价值，循序渐进地帮助学生建立和深化微粒观，促进学生化学核心素养不断发展。

(一) 促进学生的创新能力发展

本项目以学生已有知识为基础,依托 VESTA 和 BOS 教学平台,采用多学科融合教学的方式,帮助学生建立宏观与微观的联系,培养他们用微粒观解释现象的能力。学生也能在项目中积极利用晶体小组学习日志,运用多学科知识解决问题。经过一年的智慧教育课程实践,学生的创新能力不断提升,获得多项各级各类奖项累计 12 项,参加由中国 STEM 教育协作联盟组织的第六届行知科创教育节获得全国二等奖,7 项人工智能设计作品获得全市二、三等奖。

(二) 提升教师智慧教育素养

群策群力的教师团队持续关注学生的学习反馈,不断调整和完善课程设计,为学生们提供更多富有创意和趣味性的学习体验。经过调查,家长对课程实施教师的课程内容、授课方式满意度为 99.44%,对教师教学水平满意度为 99.16%。项目主持人编写的课程案例《基于智能教学环境的学生微粒观素养培育的课程案例分析》荣获国家级奖项,入选 2022 年基础教育阶段智慧教育案例,课题组成员教师的 4 项主题课题和 3 项跨学科课程建设培育项目成功获得立项,教师的智慧教育素养不断提升。

总的来说,通过这个项目,学生的创新能力得到了提升,他们能够运用微粒观解释现象,并通过多学科融合学习的方式积极解决问题。同时,教师团队也通过不断调整和完善课程设计,提升了智慧教育素养,为智慧教育的推广和应用作出了积极的贡献。

(撰稿者:深圳市坪山区中山小学　朱思楠,王菁瑜,侯跃芳,张宇晖)

第四章

过程延伸：跨学科学习是真实性学习

跨学科学习是基于真实生活并面向真实世界的学习，是与现实世界联系并且提供真实反馈的学习，具有真实性学习的共同特征。换言之，跨学科学习是基于真实世界的问题情境，学习者进入真实世界或者高仿真的虚拟学习情境中，围绕真实任务进行探寻互动、过程延伸，采用真实性评估，进而获得真实体验的学习。让学习真实发生，是跨学科学习的重要追求。

《礼记·学记》中有言:"良冶之子,必学为裘;良弓之子,必学为箕;始驾马者反之,车在马前。君子察于此三者,可以有志于学矣。"学习必然是循序渐进、过程延伸的轨迹式变化。跨学科学习,想要实现跨越式的进步,培养综合素养,更需要过程延伸的真实性学习。托马斯·C·默里在《真实性学习》一书中阐述了真实性学习是指基于真实生活并面向真实世界的学习,是一种鼓励学生积极创造、合作共享的学习方式。"与现实世界联系"并且提供"真实的反馈",是所有真实性学习的共同特征。① 跨学科学习的问题发生,正是基于真实世界的问题情境,学生需要进入真实世界或者高仿真的虚拟学习情境中,围绕真实任务进行探寻互动、过程延伸,采用真实性评估,使学生获得真实的体验。

　　可以说,作为基础教育人才培养的一种新课程策略,跨学科学习成为提升育人质量的一条新路径。立足学科,让学生拥有系统而扎实的学科知识与方法;主动跨界,让学生能够破除分科课程带来的视界窄化、思维僵化的弊端。这就意味着,我们的教育教学务必要关注学生综合运用知识解决问题的能力,引导学生运用多学科的视角、思想和方法来观察、思考、分析、解决现实问题。真实性、实践性、多样性和探究性是跨学科学习的一般特征,强调跨学科学习要结合真实生活,激发学生的实践与探究兴趣,使个人在参与群体活动的过程中,能够利用两个或两个以上的学科领域知识、信息、理论等探究具有真实意义的、与学科知识应用相关的难题,并整合相应观点提出解决方案,以促进学生对知识的深度理解。②

　　跨学科学习是真实的学习主体在真实场景中亲历真实性问题的解决并形成真实

---

① 托马斯·C·默里.真实性学习:如何设计体验式、情境式、主动式的学习课堂[M].彭相珍,译.北京:中国青年出版社,2021:155.
② 董艳,夏亮亮,王良辉.新课标背景下的跨学科学习:内涵、设置逻辑、实践原则与基础[J].现代教育技术,2023,33(2):24—32.

的学习产品的过程,具有泛真实性。① 为什么当下特别强调在真实情境下的跨学科主题学习? 首先,学生生活在真实复杂的情境中,其生活具有完整性、不确定性,所以教师教给学生的学科知识不能离学生生活太远。其次,要在高仿真情境中让学生经历发现问题、提出问题、分析问题、解决问题的过程,不能只让学生见到知识的影子,而要让他们在真实情境中感悟知识、发现知识、创造知识、应用知识。最后,回应现实和未来的不确定,学生不能只做知识的搬运工,真实情境下跨学科的主题学习,由于过程与结果的不确定,能更好地激发学生的探索动力和创造力,培育其指向未来的学习力。

因此,如何设计跨学科学习的课程策略,让跨学科学习成为真实性学习,而不是"悬浮"在各个学科知识层面的"空问题""虚探究",就显得尤为重要。基于学科导向或问题导向的跨学科学习,其整体设计逻辑都应该呈现出从真实而复杂的问题,到澄清问题中的不同学科视角,再到整合学科视角形成新理解,反哺真实世界和学科世界的过程。② 跨学科学习并不否定学科知识,需要围绕真实的问题或情境开展探究,从而解决问题。本章所选的案例中,"蚕宝宝观创"项目,来自小学科学教材三年级下册第二单元"动物的一生",以蚕为例子展开学习,让学生真切地见证蚕宝宝的一生,加深了对蚕宝宝的认识,感受到生命的可贵,提升了科学、语文、美术等学科方面的素养,以及观察、分析、思考、合作探究等综合实践能力。"小指甲,大发现"探究活动,旨在帮助幼儿解决"指甲缝里黑黑的是什么"的疑问,同时延伸出关于指甲卫生的系列活动,让幼儿在讨论、体验、观察、比对等过程中增强卫生健康意识,培养良好的卫生习惯。在设计跨学科学习的课程实践中,既可以着眼于跨学科将学习主题任务化,多个学科各个环节联动推进学科跨度,也可以围绕学科主题学习,在重点探究中融入跨学科理念,以主题学科活动为主,跨学科为辅,交融互渗,彼此支撑和促进。

最后,跨学科学习是加强课程综合和课程协同育人的重要课程板块,是培养学生综合素质的重要载体。回归新的义务教育培养目标,如何让跨学科学习的"真实性学习设计"落到"真实性学习实践",与现实世界相联系,得到真实的反馈,达到真正的跨学科学习效果,这对我们的课程实施提出了进一步要求。也就是说,跨学科学习的真实性,还需要有具体的实施作保障。在实践中,跨学科学习面临的主要问题或挑战是

---

① 刘登珲,牛文琪. 跨学科主题学习的迷思与澄清[J]. 教育发展研究,2023,43(22):75—84.
② 夏雪梅. 跨学科项目化学习:内涵、设计逻辑与实践原型[J]. 课程·教材·教法,2022,42(10):78—84.

缺乏真问题、没有新理解,由此导致臆造的学科联系和散乱的学习过程,致使学生学习态度散漫、兴趣分散和思维肤浅。这种所谓的"跨学科学习",对学生发展非但无益,反而有害。① 本章所选案例中,"敦煌文创"和"锦物新创",将自然生活和文化历史等大概念具象为一个个设计作品,敦煌建筑、壁画、彩塑等文化源流、艺术特色迁移到班服设计;传统文化、非遗项目融入展览演出。文创作品的展示,增添了同学们对文创的热情,加深了他们对传统节日文化的热爱。"'典'亮出场"设计方式新颖,以"'校园欺凌'之李强和王浩的故事"主题剧本,进行反对校园暴力的宣传这一实际遇到的问题为导向,在跨学科活动参与中,教师创设开放、民主、宽松、和谐的学习气氛,学生更喜欢在这样的环境中参与探究。学生以团队合作的形式,完整地经历发现问题、解决问题、形成成果、展示交流、反思改进等各阶段。通过这些实践性较强的活动,既培养了学生的核心素养,也提升了教师开发和实施跨学科融合课程的能力。

"千教万教教人求真,千学万学学做真人","真"是教与学的核心、关键,课堂教学只有实现返璞归真,才能走上"正道"。跨学科学习更离不开真实性学习的保障,学生必须获得更多跨学科主题学习经验,发展综合运用知识技能解决更多现实问题的能力,培养跨学科核心素养,才能应对更为复杂的现实生活中的问题。

(撰稿者:东北师范大学坪山实验学校　任慧敏)

---

① 张华. 论理解本位跨学科学习[J]. 基础教育课程,2018(22):7—13.

创意 4-1　敦煌文创

一　项目理念

认识中华优秀传统美术的文化内涵及独特艺术魅力,坚守中华文化立场,坚定文化自信。敦煌文化作为中华优秀传统文化的代表之一,是实现课程目标的很好的载体。在此背景下,李姣云老师在学校开设了《敦煌文化》的校本课程,激起了同学们对于敦煌文化浓厚的兴趣,希望把敦煌文化的元素融入班服设计,通过这种方式宣传中华优秀传统文化。本项目将课程与生产劳动、社会实践相结合,充分发挥实践的独特育人功能,突出学科思想方法和探究方式,加强知行合一,学思结合,倡导做中学、用中学、创中学。

二　项目目标

(1)通过敦煌文化价值研究,了解以敦煌文化为代表的中华优秀传统文化的核心内涵和历史文化价值,增强文化自信。

(2)通过亲手设计敦煌元素的班服,将中华优秀传统文化进行创新运用,提升审美素养,能够运用跨学科思维进行创造性劳动。

三　项目内容

本案例分为以下四个板块。(如下图 4-1-1)

第一板块主要是探究敦煌文化的价值,意在引导学生研究敦煌文化的历史和现实价值,通过搜集、整理相关资料,运用鉴赏艺术作品的基本方法,探究敦煌建筑、壁画、彩塑等的文化源流、艺术特色,了解敦煌艺术的特色与中外文化交流的关系,理解中华优秀传统文化的基本特征和独特魅力。

图 4-1-1　敦煌文创项目板块图

第二板块主要是通过实践设计敦煌风班服,意在引导学生将中华优秀传统文化中的元素进行创新运用,提升学生的审美素养,同时培养学生运用跨学科思维进行创造性劳动,弘扬中华优秀传统文化,坚定历史自信。

第三板块由学生展示班服设计成果并根据收集到的相关建议进行修改,通过学生互评进一步完善设计成果,意在提升学生团队协作的能力。

第四板块制作班服,形成成品。

四　实施过程

(一) 入项阶段

本阶段主要结合项目的目标设计了以下两个驱动性问题:

(1) 敦煌文化有哪些历史文化价值?

(2) 敦煌文化中有哪些元素适合用作班服设计?

(二) 敦煌文化价值研究阶段

李姣云老师通过校本课程"敦煌的历史文化价值与现实应用",带领学生从敦煌的历史、敦煌文化中体现的文明互鉴的例证、不同时期敦煌文化的时代特征、敦煌经典花纹的发展历程、敦煌文化的史料价值及现实应用等方面进行研究。她还设计了深圳博物馆网上展馆之"敦煌石窟与河西走廊的丝路艺术"参观任务单,引导学生了解敦煌文化的内涵。另外,老师们提供了"数字敦煌"博物馆的网址、敦煌文化研究相关书目,让学生通过上网查找资料和阅读相关书籍,分组探究敦煌文化的艺术价值、史料价值和现实价值。

敦煌文化是世界艺术宝库,其价值首先体现在艺术价值方面。敦煌艺术对我们认识研究中国建筑史、雕塑史、绘画史、书法史乃至音乐舞蹈史等方面都有重要价值,人们可以通过敦煌艺术了解祖国传统文化的精髓,敦煌艺术是当今艺术创新的不竭源泉。艺术价值组的同学们重点研究了敦煌文化的花纹图案,如卷草纹、宝相花纹、飞天等。如初唐220窟被称为乐舞窟,里面的各种乐器和舞蹈是我们今天了解古代乐舞艺术和进行艺术创作的重要资源。他们还搜集了现代人运用敦煌文化进行艺术创作的案例,如:常沙娜参考敦煌花纹设计的人民大会堂宴会厅的天顶花灯、人民大会堂门楣,还有动画片《九色鹿》、舞剧《丝路花雨》、敦煌四中的班服设计等。

敦煌文化还具有非常重要的史料价值。敦煌壁画虽然是宗教题材,但是涉及战争、耕作、婚丧嫁娶等历史,对于我们了解历史提供了重要的一手史料。魏晋时期的佛像造型和盛唐石窟中的佛像造型有明显不同,反映了不同的时代特征。45窟的《胡商遇盗图》所反映的当年丝绸之路上西域胡商遭到强盗拦路抢劫的情景是研究丝绸之路贸易史的形象资料。第445窟(盛唐)的"耕获图"与晚唐陆龟蒙的《耒耜经》中关于曲辕犁的记载可以互证。

敦煌文化的包容性也是这个时代所需要的。美国汉学家史瀚文说:"敦煌是不同文明和思想融合在一起而没有冲突的典范。敦煌可以帮助我们理解过去,了解当下,以及全球化未来的可能性。"时代价值组的同学们分析了敦煌文化的特性与时代价值,认为敦煌文化体现了文明互鉴和包容。敦煌文化的灿烂,正是文化精华的融合,也是中华文明几千年源远流长不断融会贯通的典范。敦煌飞天是中国艺术家最天才的创作,是世界美术史上的奇迹。敦煌文化是古代丝绸之路上各民族交融的结果,敦煌精神就是交融与合作的精神,敦煌文化蕴含的精神价值与今天的"一带一路"和人类命运共同体倡议不谋而合。另外,他们还认识到敦煌莫高窟的守护人身上所展现的"莫高精神"也对现代人有莫大的鼓舞。常书鸿、段文杰、樊锦诗等一代代"莫高窟守护人"保护莫高窟的事迹,体现了坚守大漠、甘于奉献、勇于担当、开拓进取的"莫高精神"。

通过探究,学生们对敦煌文化的特征、内涵有了更深入的认识,为接下来的班服设计做了比较充分的准备。

(三) 敦煌风班服设计阶段

(1) 学生提取敦煌文化典型元素,设计敦煌文化班服图案。

（2）教师引导学生查找敦煌现实应用的案例，学习其中用到的相关素材及创新途径。引导学生从敦煌的典型花纹、代表形象等角度思考。关注学生的设计过程，及时指出学生设计中存在的问题，指导学生设计多个版本。

(四) 班服设计展示说明会

学生在班级中展示并说明班服设计思路，根据同学们的投票结果和修改建议进行完善，形成设计终稿。（如下图4-1-2）

图案A　　　　　　　　　　　图案B

图4-1-2　学生设计的班服图案A、图案B

设计说明如下。

图案A：总体色彩运用敦煌壁画的常用配色，典雅端庄，用飞天的丝带体现敦煌文化对中外文化的融合。

图案B：猫猫这一形象象征着一班的同学们，背后的太阳象征着阳光向上。整体的配色参考了敦煌壁画，飞天元素主要借鉴了敦煌莫高窟第320窟中的两对飞天的形象，将之融入使猫猫仿佛穿越到了敦煌壁画中。

(五) 学生联系班服制作公司制作成品

最终学生通过投票选择了图案A，在此基础上，学生与班服制作公司联系，对接班服的款式。在这个过程中，教师关注学生与制作公司沟通中的问题，并及时进行指导。（如下图4-1-3）

图4-1-3 班服设计款式

五 项目成效

(一) 学生感悟

张同学:在此次关于敦煌的文创产品制作中,首先打动我的是敦煌壁画的颜色,这些壁画色彩丰富,十分绚丽,但色调搭配上却不突兀违和。其绚丽色彩的背后都有主色调统一着画面,充分发挥补色对比的魅力,使壁画色彩之间充满律动美感。敦煌壁画的配色,是古人千百次调配的心血,里面既有宗教文化的庄严神圣,又反映了彼时民众的生活现状。大漠黄沙、胡杨红柳、马嘶驼吟,这些绚烂如霞的配色,经过多少风沙洗礼岁月沉淀,依然不减美的基调,始终充满文化与智慧的律动美感。通过这次班服设计,我爱上了敦煌文化。

陈同学:我在这次班服设计中,了解了敦煌文化的价值和内涵,特别是了解到人民大会堂的门楣和宴会厅灯的设计竟然源自敦煌的莫高窟,非常震撼。中华优秀传统文化是我们艺术创新的不竭源泉呀!

(二) 教师反思

通过项目化学习的尝试,我们感受到学习方式的变化能够激发学生的学习积极性、主动性的提升,也感受到在实践中学习有利于提升学生解决问题的能力,培养学生

的核心素养,同时也提升了教师开发和实施跨学科融合课程的能力。具体来说:

学习方式的变化激发了学生学习的动力。在这个过程中,我们将原来以教师讲解为主的校本课程《敦煌文化》转换成学生的跨学科项目式学习,这一过程虽然艰难,但看到学生的学习探究热情和最后的成果后,我们体验到了跨学科项目式学习的价值和对学生素养提升的意义。

学习方式的变化有助于提升学生综合运用所学解决问题的能力,培养学生的核心素养。

教师开发和实施跨学科融合课程的能力得到提升。在这次班服设计课程中,多个学科的教师进行深入的沟通,相互学习,有意识地运用了从坪山区教育科学院组织的跨学科项目化学习培训中学习到的相关知识以及本学科的内容。比如设计驱动性问题、提供相应的教学支架、指向核心素养的深度理解、对做出来和怎么做出来进行说明,以及运用项目化学习工具,如在合作探究中通过引导学生制定话语规则、充分发表观点、基于证据表达观点、批判发展观点来实现。课程实施中,教师们跨学科教研,将历史、美术、通用技术等多学科内容融合指导学生解决问题,提升了多学科教师之间的相互了解,提升了教师对跨学科融合课程开发和实施的能力。

(撰稿者:深圳市坪山区高级中学　李姣云,严朔)

创意 4-2　锦物新创

一　项目背景

传统节日凝结着中华民族的共同情感,包含着深厚的文化底蕴,是社会主义先进文化的宝贵资源,可从中开掘广阔的教学空间。本项目以传统节日作为整合点,融合语文、英语和美术三个学科,旨在体现学习的包容性、连贯性、统一性,促进中华民族文化血脉的传承。各学科既互为关联,又彰显内在特色,充分应用学科资源,创设传统与现代相交织、知识与应用相衔接的课程体系。

本项目授课教师团队由语文、英语、美术老师组成,授课对象为二年级学生,共计12课时,总时长为720分钟,在打通各学科之间横向联系的同时,打造符合低段小学生身心发展规律的纵向链条,形成"认知—探究—创造"的教学脉络。教学活动以了解传统节日相关知识为切入点,激发学习活动的主动性,让学生对其文化背景形成概念认知;铺设探究任务,引导学生深度沉浸于传统文化之中,厚植人文精神,增强文化自信,产生个性化的感悟;鼓励学生自主创造,开展创作传统节日主题实物作品的活动,展现探究成果。

二　项目目标

(1) 了解中国四大传统节日,包括其日期、由来、习俗、传说、文化内涵等;会用英语介绍这些节日和文化习俗,了解世界其他民族中具有相似文化内涵的节日。

(2) 会根据自己对节日文化的理解和感悟绘制思维导图,并以此为灵感进行手工创作,形成弘扬传统节日文化的文创作品。

(3) 增强对中国传统节日的兴趣与热爱,培育弘扬传统节日文化的自信心与责任感,提升综合素质,促进全面发展。

三 项目内容

案例共分为 3 个阶段,分别为准备阶段、实施阶段及总结阶段。准备阶段先由驱动型问题导入;实施阶段主要是调查、学习四大传统节日的习俗,丰富中外节日知识储备,形成思维导图,并进行手工创作;总结阶段是将文创作品进行展示和评价。(如下图 4-2-1)

实施阶段
1. 头脑风暴,调查节日习俗
2. 取材体验,了解国内外差异
3. 探究问题,知识储备输入
4. 整合元素,文创作品输出

准备阶段
1. 导入驱动问题
2. 组建学习小组
3. 明晰学习要求

总结阶段
1. 成果收集梳理
2. 创意成果展示

图 4-2-1 "锦物新创"项目板块图

上图中,通过三大板块阐述本案例。

第一板块是驱动型问题导入。在准备阶段,先帮助学生组建小组,设置他们自己的队名、口号和 leader,为团队合作打下基础。第一节课先明晰学习要求,感知学习内容。学生了解到我们的课程是以语文、英语、美术等多学科为载体,学习中国四大传统节日文化,"知"与"行"相结合,设计富有节日文化内涵的文创作品。在准备阶段,激发学生对于本项目的兴趣,增强课程学习的主动性。

第二板块是四大传统节日的调查、学习、创作,通过明确任务、研究问题、提出并选择节日元素、实施方案并制作文创作品。首先通过网络、书籍等方式查阅传统节日的相关资料,完成前置学习单。接下来通过语文老师的讲解和小组讨论了解传统节日的日期、由来、习俗、文化典故等;英语老师也会引导大家用英文介绍该节日和相关习俗,并拓展其他民族中有相似文化内涵的节日。最后整理材料,到节日气氛浓厚的现场取材体验,通过小组讨论和汇总,形成元素丰富的传统节日思维导图,得出关于文创作品方案的结论。最后借助这一方案带来的创作灵感,进行初代文创作品创作,然后展示初稿、修正和重新设计,润色后形成最终文创作品。

第三板块是成果展示。筹备一个文创作品展,将同学们的文创作品进行评选,每组开设窗口进行布展和宣传,并由每组派出讲解员现场介绍本组的文创作品。

四 实施过程

(一)课程预热:组建小组,培养团队精神

在校园开展的传统节日主题活动中,同学们深受传统节日文化氛围熏陶,积极主动地认识、了解、体验传统节日文化。为让同学们全方位感受传统节日文化的魅力,学校制定了"传统心承,锦物创新"特色校本课程体系,打造集各种锦龙风采于一体的品质课程。课程负责人何艳红副校长积极牵头,多次组织课程筹备的讨论会议,同学们积极参与,在会上贡献意见,对课程的方向、结构和具体开展内容进行深入探讨和交流。通过大家的共同努力,初步构思出了《融合性课程学习单》和《小组档案》,为课程的进一步开展奠定了实践基础。

课程即将开始,孩子们不仅是学习者,也是小小探索者。同学们自由组队,创建了趣味十足的小组名称,有的富有传统色彩,有的洋溢创新气息。每个人都积极参与其中,还共同制定了专属的小组口号,大家的热情在这个过程中被点燃了。

(二)氛围营造:点燃火花,迎接挑战

在即将开展的课程中,同学们将不仅仅停留于对书本知识的学习,还要在一个个生动有趣的实践环节中深入了解中华优秀的传统节日文化。同学们将阅读由教师精选的一系列与传统节日紧密相关的书籍和绘本,如《中国传统节日绘本》和《文化都在节日里》等,它们不仅包含着丰富的历史文化知识,而且都能以孩子们喜闻乐见的方式进行呈现。

鲜活的图片、巧妙的设计和充满童趣的语言,旨在点燃同学们的创造激情,进而让每个学生都能产生独到的理解和感悟。在这股热情的激发下,同学们将亲手制作与传统节日相关的文创作品。在整个过程中,同学们自主策划、合作完成,真正实现"动手动脑"。

为了支持同学们的创作,教师准备了各种各样的文创工具和材料,包括彩泥、彩绘工具、T恤衫、帆布包、硬卡纸等,充分考虑到学生正处于好奇心旺盛、模仿能力强并且乐于动手操作的黄金时期。我们相信,通过自己的双手和丰富的物质支持,同学们能够更加积极地参与其中,展现出各自的创造力和独特风采。

(三) 认知拓展:趣味学习,深入探索(以中秋节文创设计为例)

中秋节不仅仅是一个时间节点,它也是中华民族丰富文化的体现和传承,通过讲述与之相关的故事和传说,能够让孩子们在极具教育性和趣味性的活动中深入探索中秋文化。

在这个专为提升对中国文化庆祝方式的理解和欣赏而设计的活动中,同学们听到了嫦娥逃离凡世的传奇、玉兔在明亮月宫中捣药以及忠心的吴刚寂寞地伐木的故事。通过角色扮演、绘画制作和分享等多样的互动方式,学生不仅了解了中秋节的起源与象征意义,还形成了对这个古老节日的现代理解,并受到激发,创造出自己的中秋故事,增强了对中华传统文化的深刻感知与持久兴趣。

1. 创艺活动一:月韵华章——中秋传说与故事

在观看关于中秋节的教育视频时,同学们全神贯注,认真做好笔记,记录下所有关于中秋节的重要历史事件、风俗习惯和传说故事。观看视频结束后,大家积极参与讨论,主动分享自己的观察和想法,同时也仔细听取他人的见解,以便更全面地了解中秋节的意义。

2. 创艺活动二:月下往事——月宫角色体验

当来到角色扮演游戏环节时,同学们兴致盎然,他们快速分组进行集合,共同讨论并决定自己扮演中秋节故事里的哪些角色。同学们有的选择扮演嫦娥,有的选择扮演后羿或是观众最喜欢的玉兔,他们还能主动运用在课堂上学到的知识来完善表演。大家都尽力让故事生动,为同学们带来一场难忘的演出。这个活动既有教育意义,又富有娱乐性质。

3. 创艺活动三:墨香月华——中秋故事绘

在这个环节中,同学们选择"我最喜欢的中秋节故事情节"来完成自己的插画绘画作品。他们用彩色铅笔和水彩画出了美丽的月亮、嫦娥逃离到月亮的壮丽景象以及繁忙的后羿射下九个太阳的英雄场面。在老师的引导下,同学们的作品中也能够融入自己对这些故事的理解与情感,表达出自己对于这个传统节日的喜爱与尊重。

(四) 创新实践:动手创作,落实实践(以中秋节文创设计为例)

紧接着,同学们进入了最让人兴奋的实践阶段。在每个节日文化学习中,同学们都有机会动手实践,他们设计文创构思,用不同的材料为不同的节日创作了独特的文创产品,把创意化为实体。每一次创作都有他们独特的想法,每一次创作都仿佛在给传统节日注入新的生命。

1. 创艺活动一:月华寓言——节庆符号意蕴解读

教室里,光线透过高窗洒在空白的画纸上。老师走到教室前方,开始讲述那个古老而富有象征意义的故事——月亮和兔子的故事。同学们的目光落在教师手中的绘本插图上,一只细腻笔触绘制的兔子正倚靠在圆润温柔的满月旁,这幅画像是用柔和灰色和宁静蓝色混合的水彩画成的。

随着老师语调中的起伏,兔子的涂鸦似乎开始跳动,它在故事中代表着希望和重生。月亮则是恒定的象征,提醒着同学们变化与持续之间的奇妙平衡。同学认真聆听老师的讲解,知道了这个故事不仅仅是关于这些符号,它还告诉我们自然界的节奏和时间的不息流转。

2. 创艺活动二:月华艺苑——中秋传说创作会

在这个环节中,同学们一起完成关于月亮和兔子的艺术品创作。大家根据自身喜好选择适合的材料和技术,并自行进行规划设计,然后动手实践,制作出独一无二的艺术品。

雯雯决定在一件白T恤上画一幅夜空中月亮下的场景,而月亮上正蹲着一只可爱的小兔子。在开始画之前,她已经构思好了一个故事,让作品有了故事背景。如果兔子能住在月亮上,它会怎样度过它的一天?它是否有一个小窝藏在一个巨大的月亮洞穴里?它是否有朋友,比如小星星或者穿梭在宇宙间的彗星?这些想法非常有趣,它们让雯雯充满了创作的动力。当她完成作品时,便迫不及待地向同学们进行展示,并告诉他们关于月亮上兔子的小故事。大家都为雯雯的想法与作品感到惊叹,向她投去了赞赏的目光。

3. 创艺活动三:光耀月宫——彩绘灯笼工作坊

老师展示了一个完成的灯笼,向同学们解释这次的任务——自己手工制作出精致的中秋灯笼。老师演示了每一个步骤,包括如何安全使用剪刀,如何选择合适的纸张颜色,以及如何折叠和粘贴制作灯笼的特定部分。

大部分同学决定做一个传统的圆形中国灯笼,因为它们看起来既漂亮又能真正体现中秋节的气氛。首先,他们从桌子上摆放的五彩斑斓的纸张中选择一张作为主色,选好后用剪刀仔细地沿着老师给的模板剪下来。剪纸的时候,同学们也按照要求特别小心,以免剪坏了纸或者弄伤手指。剪完纸后,他们按照老师的示范,对折纸张,用胶水把边缘粘在一起,形成了灯笼的外壳。最难的部分是做灯笼的提梁,需要用一条细长的纸条固定在灯笼顶部,好让它可以挂起来。在做灯笼的过程中,也有不少同学找到同组的成员,一起进行团队分工合作:一些同学负责剪纸,而另一些同学负责装饰和细节。

4. 创艺活动四:月饼传香——月饼模型塑形坊

在讲解月饼模型的制作时,老师会强调装饰的重要性,教同学们如何用简单的工具,例如使用彩泥来模仿月饼的传统图案。

同一组的同学在一起讨论设计,比如月饼顶部应该绘制什么图案,或者如何制作出具有豆沙或莲蓉等传统填充的外观,如何使用不同颜色的彩泥来模拟不同的口味等。

这两次活动不仅让学生学到了制作灯笼和月饼模型的方法,而且让他们对中秋节的文化有了更深的了解。

(五) 活动总结:丰收时刻,展现成果(以中秋节文创设计为例)

经过一系列的创作与学习,同学们的作品在巧手中一一呈现。艺术作品完成后,我们在班级中也组织进行了展览活动。同学们变成了小小导游,用自己准备好的中英文介绍稿,为来参观的师生们分享作品的灵感来源,讲解这些作品背后的意义和创作过程。同学们都感到无比骄傲和满足,每个微笑和掌声都是对他们学习成果的肯定。文创作品的展示,提高了同学们对文创的热情,加深了他们对传统节日文化的热爱。

在这个课程活动中,同学们不但学到了知识,还体验了合作与创造的乐趣。他们更加自信地表达自己,更深刻地感受到了传统节日的文化内涵,在快乐和成长中体验到了传统节日的魅力。

五 项目成效

本次跨学科课程有利于学生科学思维方式的形成。在课程的实施中,加入了三方评价,落实"研—教—评"一体机制,在教学的过程中,有师生评价、生生评价,还有家校评价。在课程难度设计上,我们构建层层递进的课程体系。跨学科融合课程建设,需要开发大量的跨学科融合性学习课程,要求教师具有较高的人文素养。

1. 培养良好的综合性学习素养

首先,当学生面对生产与生活中的实际问题时,不再局限于单一学科视角审视,而是从多视角,运用多学科知识综合分析,拓展了学生思维的广度与深度。其次,为增加学生对课程的体验和感知,不仅在校园内给学生创造情境性学习环境,还让学生在真实的节日及社会情境中感受课程知识内涵,享受学习的快乐。最后,跨学科课程中,实践性教育比例大幅增加,重视培养有知识、有技能、能实操、懂实践的高素质人才,为他们的终身发展奠定更加健康扎实的基础。

2. 建设促进学生拓展学习的互动平台

一方面,为师生互动、生生互动、家校互动、学校与社会的互动提供了更多的机会与可能。另一方面,为那些性格腼腆的孩子提供了更多参与协作学习、表达自我的机会。增加了学生学习的互动性和趣味性,促进学生主动学习、自主学习、快乐学习。

3. 探索因材施教的课程实现方式

在课程内容设计上,我们构建了朗诵、对话、视听、表演、文艺创作等多样化课程,尊重学生的个体特点与差异性,为不同潜质、不同水平的学生提供多层次的选择和帮助,促进学生全面而有个性的发展。既实现了分层教学,又尊重了学生的兴趣特长,较好地实现了因材施教的愿景。

4. 项目驱动,形成教师成长共同体

教师不仅要提升自己的学科素养,还要积极探索学科融合教学的方法。学科融合的过程也是教师融合的过程,跨学科课程的建设,迫使教师形成成长共同体,互相学习、互相吸收、互相鼓励、互相促进,团队协作、共同成长,在融合性教学的新领域提升自己的学习能力、创新能力,成为新课程改革的领跑者。

总的来说,本跨学科课程不仅培养了学生良好的综合性学习素养,还建设了促进学生拓展学习的互动平台,老师们积极探索因材施教的实现方式,并以项目驱动的方式,形成教师成长共同体,达成了很好的效果。

（撰稿者:深圳市坪山区锦龙小学　何艳红,杨秋琳,张小涵,刘子恬,张敏,李双霜,林玲）

创意 4-3 "典"亮出场

一 项目背景

《中华人民共和国民法典》(以下简称《民法典》)是新中国成立以来第一部以"法典"命名的法律,是一部社会生活的百科全书,已于2021年1月1日起施行。这是党中央推进全面依法治国、推进国家治理现代化的重大举措,在新中国法治建设史上具有里程碑意义。

《青少年法治教育大纲》《义务教育道德与法治课程标准(2022年版)》等政策文件都要求培养小学生基本的法治观念,根植法治精神的种子。通过运用《民法典》知识对小学生进行法律启蒙,有利于培养学生的法治观念,帮助他们形成法治信仰和维护公平正义的意识,做社会主义法治的忠实崇尚者、自觉遵守者、坚定捍卫者。基于此,本项目以"学生如何了解民法典对生活的影响"作为驱动性问题,融合道德与法治、语文、美术、信息技术四个学科,设计情景小剧场、绘本制作、手抄报绘制、宣传活动日、线上直播、法治天团讲法律等活动环节,以学习心得报告、绘本、剧本、课本剧作品作为学生学习成果。

项目时长设计24周,通过跨学科知识学习,让知法、懂法、守法、用法的观念深深植入一颗颗幼小的心灵之中,培养团队合作和沟通表达能力,提升综合素养。

二 项目目标

(1) 了解《民法典》的作用和意义,学习运用法律武器维护自身权益,把所学的法律知识融入日常生活实际,将知法、懂法、守法、用法的观念外化为行为习惯。

(2) 在学法和普法的过程中,学会有序参与公共事务,具备承担责任的认知、态度、情感,树立社会责任感。

(3) 学习和运用跨学科知识分析问题、解决问题,通过设计、组织、参与宪法宣传日活动,提升口语表达、沟通交流、小组合作、信息技术等能力素养。

三 项目内容

围绕《民法典》的内容,以"应对校园欺凌"为学习主题,共分为五大设计板块。(如下图4-3-1)

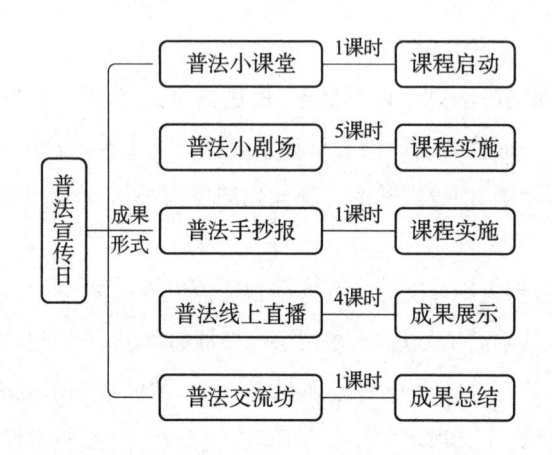

```
                    ┌─ 普法小课堂 ──1课时── 课程启动
                    │
                    ├─ 普法小剧场 ──5课时── 课程实施
          成果      │
普法宣传日 ─       ─┼─ 普法手抄报 ──1课时── 课程实施
          形式      │
                    ├─ 普法线上直播 ─4课时── 成果展示
                    │
                    └─ 普法交流坊 ──1课时── 成果总结
```

图4-3-1 "'典'亮出场"项目板块图

一是项目启动阶段,开展"普法小课堂"(1课时);二是编写《民法典》剧本,演绎普法小剧场(5课时);三是绘制手抄报和绘本(1课时);四是成果宣传阶段,依托新媒体技术,开展线上或线下《民法典》校园普法宣传日,展示几个部分的学习内容(4课时);五是普法课程总结阶段,进行材料总结以及反思,师生交流活动收获(1课时)。

四 实施过程

根据教学安排,主要以"'校园欺凌'之李强和王浩的故事"主题剧本开展活动,按照以上五大板块进行设计。

现以"'校园欺凌'之李强和王浩的故事"主题活动为例,进行活动设计展示:除既定活动设计思路外,教师在具体课程实施过程中,根据校情和学情,灵活调整教学方式。在"'校园欺凌'之李强和王浩的故事"活动中,教师根据学生的不同个性和天赋进行分组学习,将学生分成两部分,帮助学生提升课堂参与感。一部分学生作为角色参与剧本表演;另一部分学生参与剧本创作,发挥创新和思考能力,创意想象剧情发展,立意优秀者将被采用,作为剧本内容,充当剧本编剧。

(一) 活动启动阶段

走进普法小课堂。本阶段引导学生了解《民法典》的基础知识、编纂历程,《民法典》的主要内容,《民法典》中关于未成年人保护的解读;了解《民法典》中对于未成年人的相关法律规定;重点了解《民法典》中"孩子的压岁钱应该由父母掌管吗?""见义勇为要不要承担责任?""未成年人能不能给主播打赏?""你愿意多一个弟弟/妹妹吗?"等内容。通过四个主题的法律规定的学习,引导学生树立遵法、守法的意识,理解宪法至上、法律面前人人平等等法治观念。

本主题课堂以三个话题为主:一是常见的校园欺凌情形有哪些?二是校园欺凌入刑的法律规定是怎样的?三是如何用法律武器保护自己不受伤害?学生以"什么是校园欺凌?""遇见欺凌怎么办?"为主题开展小组合作讨论,教师进行指导、点评。

(二) 活动实施过程

在树立基本的法律意识的基础上,进入活动实施阶段。引导学生进行剧本创作和彩排表演,共分为以下三个部分开展。

1. 剧本创作

(1) 引入话题,正确认识校园欺凌。

道德与法治教师对校园欺凌情况进行调查,发放匿名前置作业调查表格,学生回忆、写出经历过的或见到过的欺凌的场景,以及当时的感受。

小组成员之间互换调查表,讨论表格信息,对校园欺凌的相关话题进行交流讨论。

(2) 欺凌案例学习和辨析。

教师对于校园欺凌的定义进行介绍说明。

教师展示校园欺凌案例。通过展示图片、播放视频、绘本学习、讲故事等方式,让学生认识校园欺凌的表现形式,并能通过案例分析辨别校园欺凌。如索要财物、以大欺小、恶意伤害他人、暴力手段争高低、以暴制暴等。

学生分小组查找相关法律条文,对案例进行分析,结合《民法典》第一百一十条:自然人享有生命权、身体权、健康权、姓名权、肖像权、名誉权、荣誉权、隐私权、婚姻自主权等权利;法人、非法人组织享有名称权、名誉权和荣誉权;第九百九十一条:民事主体的人格权受法律保护,任何组织或者个人不得侵害。

学生分小组讨论案例解决对策,由小组代表进行发言。大多数学生能够理解案例性质和问题所在,尝试运用《民法典》知识对案例进行分析,但是对法律知识的运用比较模糊和笼统,不能精准运用法律知识解决问题。

教师点评和总结,对学生不了解和认识不到位的地方进行指导,同时引入《防范中小学生欺凌专项治理行动工作方案》《关于防治中小学生欺凌和暴力的指导意见》相关内容,引导学生树立法律意识,学习用法律武器维护自身权益。

(3) 剧本选定,头脑风暴。

围绕小学中高年级的特点,对照查找涉及的法律知识点,语文老师引导各个小组开展合作探究,选定校园欺凌的一个常见场景作为剧本编排的落脚点,自行撰写完成。

每个小组合作进行头脑风暴,设计一个完整的校园欺凌剧本,由小组代表进行展示交流;汇报本小组的剧本内容、人物设定、剧情设计等大致内容。

根据小组代表的汇报内容,各个小组评选一个剧本作为最佳剧本,标准为:推选故事完整,环节顺畅,逻辑清晰,人物合理。票数最高的小组获胜,成为课本剧的最终版本,并发放"最佳剧本"证书。

在确定最终的剧本后,语文教师引导学生完善剧本细节,将故事背景、情节、角色、台词、角色等进行细化。小组成员之间自荐或推荐角色,教师根据学生特点及时、准确点拨,并灵活更改、完善角色,完成最终展演。学生根据角色内容,在课下自主练习,加深对剧本的理解。

2. 绘本/手抄报创作

师生共同回顾剧本内容,并对角色、场景、情节进行进一步的细化和调整。美术教师引导学生根据剧本内容进行绘本/手抄报创作,选择其中一个场景或多个场景进行绘本演绎,注意图文并茂,同时要有法律知识或言语的展现。

学生以剧本为依托,进行课本剧的绘本/手抄报创作,认真思考,自主完成。学生在绘本/手抄报创作中进一步提升对剧本的理解、对角色的精准把握、对法律知识的深化理解。

为激发学生的创作热情,开展"最佳绘本/手抄报"评选。根据绘本/手抄报评价标准,进行生生、师生间的自评及互评,评选出优秀绘本作品,并发放奖励。

3. 现场彩排

表演练习。教师指导学生掌握表演的细节和技巧,关注校园欺凌的实施者、被欺凌者、旁观者、旁白等角色的情感的表达,对不同角色的心理活动、肢体语言和表情动作等进行充分展示。引导学生进行表演场景的布置,学会应对表演过程中的突发状况。学生根据剧本情节和自身角色进行小组课本剧的练习,自主演练和表演。

表演彩排。教师引导学生回忆表演过程,根据学生的表演情况进行实时指导。学生对各自角色的台词要表达流畅,自行完成细化的彩排。信息技术教师指导学生布置场地、道具、拍照、录像。没有参与表演的少部分学生作为观众,观看表演、欣赏表演、学习表演、点评表演。

(三) 成果展示阶段

1. 展示筹备

教师引导学生思考普法宣传日的流程、内容板块,确定方案中的细节、宣传日的人员分工。教师讲解方案的制作要领,引导学生筹划普法活动宣传日方案。

学生分成四大组,四位教师分配在四个小组中。师生交流宣传日的建议和想法,头脑风暴宣传日的大致方案,思考宣传日的人员及分工安排。以小组为单位,在小组教师的指导下,学习编写简单的普法方案、设计普法宣传海报、编辑通知消息,设计和组织不同普法展区的任务。不同小组之间沟通协调,师生共同准备现场布置工具和材料,提前发布校内邀请、班级群、公众号等关于宣传日的通知消息,做好活动计划。

每个小组组长作为主持人,在教师的指导下,根据不同的活动部分,提前对小组展示内容进行安排,对分工不同的成员提出任务要求。

2. 现场展示

展示分为不同板块:绘本作品展示区、剧本展示区、课本剧表演区、普法卫士交流区。不同板块由不同小组独立完成布置,人员分工需明确,小组组长重点向参观人员介绍展示区域的内容。绘本展示区宣传"'校园欺凌'之李强和王浩的故事"绘本作品,对绘本内容的创意和设计进行解说;剧本展示区宣传团队创作的校园欺凌剧本,并介绍《民法典》等相关法律书籍,邀请参观人员阅读学习;课本剧展示区进行校园欺凌剧本现场表演。三个区域重点讲解校园欺凌中的危害,对《民法典》知识进行宣传和讲解。普法卫士交流区对课本剧主题进行介绍,重点说明其中的《民法典》知识,对法律知识进行宣传。

每个小组安排摄影师、讲解委员、卫生(兼纪律)委员、组长代表各一名。为确保各个区域顺利展示,不同展区有一位教师进行协助和指导,学校信息技术教师辅助进行线上同步直播,实时对现场进行摄影和录像。

(四) 活动总结与评价

1. 活动评价

本课程以发展性评价为原则,在不同的课程学习阶段采取不同的评价标准和评价方法。课程评价主要以生生评、自评,学生评价课程、学生评价教师,辅之以教师对学生的评价,对学生过程性表现进行全面、客观且真实的点评,为课程的进一步改进提供有力的支持。教师对学生的课程活动表现进行评价时,遵循鼓励原则和发展原则,结合学生的年龄特点和个性表现,重视学生的个体差异性,将学生的"探究过程与实践结果相结合"进行评价,及时予以针对性和鼓励性评价,同时提出问题,为学生指明后续修改的方向。本课程的主要阶段性评价量表汇总如下:

表4-3-1 普法小课堂评价标准

课堂秩序(20分)	课堂秩序井然,学生认真参与学习。
法律知识(20分)	主动学习法律知识内容,参与课堂问题发言。
认真倾听(20分)	对于同学间的回答认真倾听,发表观点补充和辩论。
有效思考(20分)	学生结合自身实际,深入思考探究。
法律思维(20分)	真实开展法律知识的学习,小组之间探究问题表达法律观点。

表4-3-2 剧本创作评价标准

作品内容(30分)	要求内容契合《民法典》,健康向上,寓意深刻,能弘扬真善美。
表演技巧(10分)	能融入剧情,表演到位,小组成员配合默契,表演自然流畅。
语言表达(30分)	使用普通话,吐字清晰,表达清晰明确。(为了增强小品的幽默效果,可有针对性地使用方言,使观众易于接受)
有感染力(20分)	整体效果和谐,具有强烈的舞台表现力,能调动观众的观看热情。能够灵活运用多媒体,如音乐、图片等一同进行展示。情景剧能够表达一定的教育意义,令人印象深刻。
法律特色(10分)	情景剧构思新颖,法律知识亮点突出;情景剧的舞台表达形式丰富多样。

表4-3-3　绘本/手抄报评价标准

绘图设计(20分)	突出主题,形成有特色和美感的作品。
主题创意(20分)	立意新颖,主题明确,符合《民法典》所提倡的价值观。
内容合理(20分)	所描绘的内容是温馨且富有教育意义的《民法典》的好故事。
色彩搭配(20分)	搭配合理,构成恰当的色彩关系,构图美观有整体性。
法律知识(20分)	有一定的法律内容设计,融入法律知识的宣传。

表4-3-4　普法宣传日评价标准

交流氛围(20分)	各组成员营造真实、有效的交流氛围。
法律知识(20分)	主动运用法律知识解决主题问题,充分参与探究。
分工合理(20分)	成员分工合理,汇报发言清晰流畅。
充分探究(20分)	小组充分探究思考,深入交流表达。
法律语言(20分)	真实开展法律知识的学习,运用法律语言解决问题。

表4-3-5　普法交流区评价标准

主动意识(20分)	课程学习的主动性和积极参与情况。
团队精神(20分)	能够与团队成员和谐合作,具有良好的团队合作精神。
学习兴趣(20分)	对于《民法典》课本剧形式的学习兴趣和感受。
表演收获(20分)	是否掌握课本剧的表演技巧和要领等。
法律知识(20分)	对《民法典》相关知识学习和掌握情况。

2. 总结反思

教师团队进行课程总结和反思,共同交流课程开发和实施中的亮点和不足,对课程的目标完成度进行自评,分工整理课程的过程性材料,为日后的课程开发和设计积累经验。

教师引导学生思考在课程学习中的收获,小组内、小组间交流分享。学生对课程学习进行反思交流,总结自身的优点和不足,说明对教师和课程的评价。

五　项目成效

在活动学习过程中,孩子们了解了民法典的基础知识、编纂历程,以及关于未成年人保护的解读等。通过开展民法典的普法教育活动,增强师生的法治意识,丰富校园法治文化生活。帮助学生从小树立法律意识,将知法、懂法、守法、用法的观念深深植入一颗颗幼小的心灵之中,把所学的法律知识融入日常生活实际,学会依法保护自身合法权益,将法治观念外化为守法行动。

(一) 学生学习兴趣提升,学科核心目标基本达成

兴趣是一种学习的动力,有了兴趣,学习的积极性就高,学习的效果就好。想要把学生从"要我学",转变为"我要学",就需要教师持续不断地激发和培养学生的学习兴趣。小学生具有对新事物好奇,表现欲强,充满生机和活力的身心特点,编演法律课本剧可以有效地提高学生的表达水平,激发学生参与表演的兴趣,让学生在普法活动设计中主动学习、探究。学生根据所学的《民法典》知识,自主探索扮演各种角色,编演课本剧,思考活动方案。这些生动有趣的校园欺凌剧本内容吸引学生主动学习,同时校园欺凌话题又是学生的校园生活实际经历,帮助学生学以致用,在潜移默化中,不断提高学生的法治意识和公共参与意愿,不断达成树立法治意识的学科核心素养。

(二) 跨学科教学氛围活跃,学生综合素养不断提升

在跨学科活动参与中,教师创设开放、民主、宽松、和谐的学习气氛,学生更喜欢在这样的环境中参与探究。教师在进行跨学科授课中开展不同的教学活动,学生在不同活动参与中变频转换,不同的教学活动形式多样,比单一学科的学习更能吸引学生参与课堂的兴趣。在参与课本剧比赛的表演活动中,学生通过学习表演的技巧,学会用丰富的表情和传神的动作进行演绎,课堂上充满欢声笑语,氛围轻松愉快。学生在小组探究和讨论中,对《民法典》知识有了深刻的认识,树立了基本的法律意识;学生在对校园欺凌内容进行深入的探究中,产生了清晰的理解,培养了语言表达能力和逻辑思维能力,提高了小组合作意识,学会了小组合作学习。

(三) 采用多元评价模式,学生参与的主动性有所提高

结合学生平时在课堂中的表现、在活动中表现出的合作精神和创新意识,以及汇报演出时的表现及学生的自我评价能力等方面,采用自我评价、生生评价、师生评价的综合评价方式。重点是培养学生进行自我评价的能力,使学生对知识的掌握和课本剧的表演进行客观的自我分析,进而学会自我反思,主动学习和改进。在学生探究和表

演后,对自我及组内同学的表现进行评价,找出同学值得学习之处和需要改进的地方,更好地促进互相学习和自我调整。教师根据小组同学的表现、活动参与的态度等对学生进行点评和指导。整节课上好之后,教师引导学生共同回顾所学内容,引导学生畅谈学习收获。

(四)教师专业素养提高,团队开发课程能力增强

首先,在活动实施前,教师有意识地学习利用多元化的课程资源,参与跨学科融合教学和校本课程开发学习,树立跨学科融合教学观和校本课程开发意识。团队进行大量研究和论证,探讨如何对学生开展科学的跨学科教学。教师根据本学科新课程标准的要求,对学生的核心素养培育进行深入思考,结合《民法典》中的相关知识,积极探究学科知识与普法宣传的连接点,对校园欺凌课本剧的活动设计进行充分思考和探究。教师在对跨学科课程探究的过程中,积极参与课程开发和设计,团队合作意识明显增强,学科专业素养和跨学科研究能力不断提升。

其次,不同学科教师积极研究学科新课标和教材资源的作用,深入本学科对学生核心素养的目标和要求,引导学生进行深入学习。在这个过程中,教师个人的综合素质不断提高,为跨学科教学提供强有力的师资支撑。

(五)活动反思

一年的活动探索与实践取得了一些经验,但在活动设计和实施的过程中仍出现了一些不尽如人意的地方,需要我们不断摸索并改进。后续将从以下几个方面改进:

1. 提高活动参与度

本次活动的实施年级仅限于四年级中的20人,普法的范围很小。结合学校实际,现今我校已达到38班教学,因此在开展本课程时,可以尽量倾向于高年级学生,并在日常道德与法治课、语文课等课程学习过程中,有意渗透法律知识,提高学生对法律知识学习的兴趣,从而进一步提高学生参与度,扩大普法范围。

2. 重视跨学科间的融合教学

《民法典》的普及对于小学生来说相对比较困难,因此要探究出更多样化的形式,利用跨学科融合课程的特点,发挥各学科的独特魅力。如在语文上注重挖掘背后的历史故事,多分享趣味性案例调动学生兴趣;在美术上通过搜集图片、绘制手抄报等方式形象展示法律知识;在道德与法治课上进一步进行普法宣传,利用信息技术搜集更多相关的法律规定,借助《刑法》《未成年人保护法》《青少年法治教育大纲》等相关法律法规辅助教学。

3. 进一步提高活动研究能力

教师在活动设计前进行大量的论证和学习,但在实施中个别环节依旧比较粗糙,需要进一步提高活动设计和实施能力,关注活动设计中的细节。

同时教师需要加强对活动过程性材料的整理,特别是对于学生在学习《民法典》过程中提出的相关疑问,要重点解答和说明。小组之间的讨论和不同意见的发表,要通过拍照、录音、视频等方式详细记录,这既是学生学习过程中的生成性收获,也作为后续成果的梳理和展示的材料基础。

(撰稿者:深圳市坪山区锦龙小学　于丽)

创意 4-4 蚕宝宝观创

一 项目背景

蚕,在中国文化中是一种具有深厚文化内涵的生物,蚕丝制品也一直是中国传统工艺的重要代表。养蚕,对于小学生来说,不仅是一种有趣的体验,可以激发他们对自然和科学的兴趣和爱好,而且有助于培养小学生的观察力、生态意识,以及责任感。在小学科学教材三年级下册第二单元《动物的一生》中,就是以蚕为主要例子来展开学习的。同时,统编版小学语文教材四年级上册第二单元的习作是观察日记,通过观察一个具体的事物来写作,因此,《蚕宝宝观创》项目应运而生。

《蚕宝宝观创》主要以蚕宝宝为主要观察对象,以培养学生的人文素养和科学精神为旨趣,学生通过亲身参与养蚕的过程来观察、记录、探究、思考和表达,养成乐于观察、关注事实、批判质疑、勇于探索的科学品质;在写作过程中形成思考、想象、表达、创造、反思的能力,提高写作的兴趣;在绘制与"蚕"相关的图画中提升发现、感知、欣赏、评价美的意识和能力,培养健康的审美价值取向和具有创意表现的美学兴趣与意识。这是一个手、脑、心并用,融语文、科学与美术课程于一体,在"做中学"的过程中培养全面发展的人的项目。本项目面向三、四年级的36名学生,组建团队小组合作学习。活动时长为一学年,共13个课时。

二 项目目标

(1) 仔细观察蚕的变化,知道蚕的一生要经历卵、幼虫、蛹、成虫四个阶段,会用数据、测量表、拍照、录视频等方式记录蚕每一阶段的变化;培养对生命的珍爱之情。

(2) 在观察蚕一生的变化过程中,阅读相关的绘本、书籍,根据观察所得,能完成一篇童话、3—5篇观蚕日记、一篇学习心得体会,能以个人或小组合作的方式创作小绘本《蚕的日记》。

（3）能小组合作制作手工蚕房，画出蚕在各个阶段不同的形态，会用超轻黏土制作蚕的作品。

（4）能小组合作分享"蚕的一生"，进行汇报展示。

三　项目内容

本案例共有四个板块，分别是：认识蚕宝宝、观察蚕宝宝、探究蚕宝宝和爱上蚕宝宝。（如下图 4-4-1）

认识蚕宝宝
通过调查和阅读相关书籍，了解蚕一生中身体、饮食、运动等方面的变化并小组初步制定观蚕计划。

观察蚕宝宝
关注蚕宝宝各阶段的生长变化，学会运用多种方法记录：表格、画图、写观察日记等。

爱上蚕宝宝
整理、分享蚕的一生的相关资料，总结蚕一生生长发育的条件和过程，畅谈本次活动的感受和收获。

探究蚕宝宝
关于蚕的问题大探究，在探究中画出蚕的一生，制作蚕的超轻黏土并创作关于蚕的绘本故事。

图 4-4-1 "蚕宝宝观创"项目结构图

上图中，板块一是认识蚕宝宝。通过调查和阅读相关书籍，了解蚕一生中身体、饮食、运动等方面的变化，并小组合作初步制订观蚕计划。

板块二是观察蚕宝宝。重点关注蚕在各阶段（卵、幼虫、蛹、成虫、蜕皮、吐丝）的生长变化，并学会用多种方法记录：表格、图画、写观察日记等。

板块三是探究蚕宝宝。引导学生对蚕的个别问题进行重点探究，如"蚕是否只吃桑叶"，在探究过程中画出蚕的一生，能用超轻黏土制作各阶段的蚕，并能创作蚕的绘本故事。

板块四是爱上蚕宝宝。该板块也属于总结板块，学生整理和分享蚕的一生的相关资料，畅谈本次活动的感受和收获，从中激发学生爱上蚕宝宝、珍惜生命、热爱自然，培养探索精神。

四 实施过程

（一）准备阶段

识别问题，明确要求：在项目开始之初，我们让项目小组的同学集中讨论了自己对蚕宝宝的了解，分享已经知道的和自己想要了解的有关蚕宝宝的内容，在讨论中进行头脑风暴。最终确定了以下三个层面的驱动问题：首先是观察记录与探索质疑层面："如何设计养蚕方案？怎样观察蚕的生长变化和科学记录数据？""如何利用科学养蚕与写作的方法，促进珍爱生命教育，培养团体合作的精神？"其次是表达与习作层面："如何写好观察系列日记《我和蚕宝宝有个约会》？"最后是绘画与审美层面："如何用美术知识为观蚕与写作提供辅助？"

同时，我们针对这些问题，向学生明确了本项目的学习要求：会设计一份科学的养蚕方案；能用数据、测量表、拍照、录视频等方式记录蚕在每一阶段的变化；能阅读相关的绘本、书籍，能完成一系列的习作要求；能小组合作制作手工蚕房，画出蚕在各个阶段不同的形态，会用超轻黏土制作蚕的作品；在活动过程中积极主动完成任务，活动结束后能用多种方式记录，乐意分享自己的感悟和收获，提高探究能力与团队合作能力。

制定方案，组建团队：以驱动性问题为出发点，根据目标与要求，我们成立了以语文、科学、美术为主的研发团队，迅速设计制定了具体详细的活动方案。方案一周一期，每期40分钟，共13期。

（二）实践阶段

在实践阶段，我们是按照表1里的四大板块的内容去开展活动的。

板块一：认识蚕宝宝。我们为学生提供了多种查找资料的途径和与"蚕"有关的书籍，锻炼了学生提取信息的能力。而且学生通过查找资料了解蚕的各方面的习性变化后，都想进一步了解蚕，这些学习活动大幅提升了学生参与探究的兴趣。在这样的契机下，我们提出让学生制订观察"蚕"的计划。接着，让学生请教有养蚕经验的人并且查阅资料，了解养蚕时要为蚕提供什么条件，运用合适的材料给蚕宝宝制作一个"家"，为后面的观蚕找好合适的地点。

在这个板块中，我们还为学生提供了以蚕为主要内容的故事书和绘本，重点阅读绘本《好饿好饿的毛毛虫》，同时引导学生回顾童话故事的特点，学生在此过程中获得更多的语言材料和故事创作的灵感,为学生创作绘本故事搭建基础,让学生明确以蚕宝宝作为童话故事的主人公,进行童话故事创编。

板块二:观察蚕宝宝。蚕宝宝长大了,我们引导学生重点关注蚕在各个阶段(卵、幼虫、蛹、成虫、蜕皮、吐丝)的生长变化,同时采用表格、图画、照片、视频等方式进行记录。在此过程中,学生学会用多种方法记录蚕的生长变化。在科学的记录过程中,引导学生学习用绘画日记的形式表现蚕宝宝在各个阶段的形态,为蚕宝宝画自画像。

经过观察和绘画后,再引导学生交流分享现阶段的观察和记录,回顾观蚕过程,通过阅读范文《昆虫记》,总结如何才能生动地写出蚕的变化,并形成观蚕日记。

板块三:探究蚕宝宝。首先,梳理一系列在观蚕中留下的问题,进行关于蚕的问题大探究:如何睡眠、进食、运动等;重点探究问题是:蚕只吃桑叶吗?教师引导学生观察蚕睡觉、进食、运动、吐丝、蜕皮的形态,并探究在何种情况下会发生。通过给蚕喂养生菜、莴苣、桑叶等食物,学生总结得出桑蚕只吃桑叶的结论。美术老师在本阶段中,会引导学生学习如何用线条、色彩等绘画元素表现蚕宝宝在各个阶段的形态。部分学生也可以根据蚕一生生长发育的过程,用超轻黏土捏制蚕的一生。

在语文课上,学生通过阅读《蚯蚓的日记》系列绘本,感受日记绘本的趣味,明确以蚕宝宝作为绘本故事的主人公,利用自己写的童话故事以小组或个人的形式进行绘本创编。

(三) 整理展示阶段

经过以上两个阶段的观察和学习,我们让学生进行小组合作,整理、分享蚕的一生的相关资料,了解蚕一生生长发育的条件和过程,能够用绘本或日记的方式整理蚕的生长变化的观察记录资料。以小组形式进行分享交流,每个小组推选一名组员畅谈本次活动的收获,形成学习心得,把这次课程的收获、感受等记录下来。

在展示环节中,我们既组织了小组的汇报展示,也安排了活动成果的展示。小组汇报展示中,共分为6个小组,小组成员分工合作,在合适的时间依次到各班,以报告册、PPT、视频等形式介绍项目成果。而成果展示则将本项目形成的观蚕日记集、蚕宝宝绘画集、超轻黏土作品、蚕宝宝绘本故事等成果在年级展示栏进行展示,与全年级分享探究成果。组织年级其他同学进行投票评审,对优秀作品进行奖励。

(四) 反思总结阶段

本次跨学科项目在2021年坪山区首届跨学科课程评审中获得了一等奖,其中本项目中的小课题《蚕只能吃桑叶》也获得了2021年坪山区中小学生研究性学习成果展评一等奖。在参加完一系列展评活动后,小组成员们也分析了此次探究活动的创新与不足之处,用自评与互评的方式进行分析总结。评价内容分为过程评价和结果评价两个部分,通过评价强化了学生对团队合作学习的理解,让学生学会在学习过程中随时改善学习状态和习惯。

五　项目成效

"蚕宝宝观创"这一项目通过对蚕宝宝一生细致的观察和学习,学生热情高涨,参与度高,最后的项目成效颇丰。

(一) 立足真实,激发兴趣

本项目立足于真实的情境,以真实任务为驱动,从中提升学生各方面的素养和能力。每个学生实实在在地养蚕,因而都真实体验到蚕宝宝从孵出来到化成飞蛾这一完整的过程。学生只有在这种真实的情境、真实的任务驱动下,才能沉浸式地投入到项目的学习中去,才能产生持续的学习热情和动力。学生只有在真实任务完成的过程中才能不断解决问题,在实践和探究中历经成功与失败。

(二) 协同并举,提升能力

依据《义务教育课程方案(2022年版)》有关"跨学科主题学习"的要求,跨学科学习不是简单的"1+1",而是"1+n",选择适宜的主题作为联结点,明确跨学科方向,再重新整合多学科的资源,创设真实的学习情境,实现多学科的知识与思维的融合。因此本项目不仅限于科学或语文单科的学习,而是科学、语文、美术三个学科融合,在观蚕中画蚕,在观蚕中探究,在观蚕中写作,提升学生在观察、习作、表达、绘画、合作探究等各方面的能力。

(三) 多元评价,以评促学

跨学科项目式学习注重学生体验的过程,要对学生参与活动的整个过程进行评价,因此,评价的内容是多角度的,除了任务达成,还可以从学生的态度、投入程度、主动性等方面进行评价,以引发学生更深层次的学习和理解,提升学生习作的质量。评价的参与者可以是多角色的,可以是学生自评、小组互评、教师评价、家长评价等。评价的方式也是多样化的,可以是分享、故事会、表彰会的形式,或是公开发布等形式。同时,跨学科项目式学习由相关联的一系列学习任务构成,实践活动时间比较长,活动挑战性也比较强,因此,教师在教学过程中需要及时进行评价和反馈,通过设计表现性评价任务,把过程性评价与学习融为一体,实现以评促学。

  总的来说,本次跨学科项目活动让学生真切地见证了蚕宝宝的一生,加深了对蚕宝宝的认识,感受到生命的可贵,提升了科学、语文、美术等方面的素养,全面提升了观察、分析、思考、合作探究等综合实践能力,是一个有价值、有意义的跨学科项目活动。

(撰稿者:深圳市坪山区科源实验学校　吴娟娟,林晓旋,古文利,汤文芳,田芳丽)

创意 4-5　小指甲大发现

一　项目背景

《3—6岁儿童发展与学习指南》中指出"要珍视游戏和生活的独特价值,创设丰富的教育环境,合理安排一日生活,最大限度地支持和满足幼儿通过直接感知、实际操作和亲身体验获取经验的需求"。[①]《幼儿园教育指导纲要(试行)》中也指出,教师应"善于发现幼儿感兴趣的事物、游戏和偶发事件中所隐含的教育价值,把握时机,积极引导"。[②] 基于以上文件精神,在捕捉到幼儿晨检时发出的疑问"指甲缝里黑黑的是什么"时,我们决定追随孩子的兴趣点,帮助孩子解决疑问,支持孩子的学习和成长。于是,我们在中班第二学期开展了《小指甲,大发现》探究活动。

本项目共10个课时,旨在帮助幼儿解决"指甲缝里黑黑的是什么"的疑问,同时,延伸出关于指甲卫生的系列活动,让幼儿在讨论、体验、观察比对等过程中增强卫生健康意识,培养良好的卫生习惯。

二　项目目标

(1) 通过观察、比较不同的指甲,认识什么样的指甲是脏指甲,通过实验观察指甲缝中的细菌,知道脏指甲影响身体健康。

(2) 通过动手操作体验指甲缝中藏东西的过程,了解指甲缝里的脏东西从哪里来。

(3) 通过讨论了解清洁指甲的方法,运用游戏、儿歌等形式巩固七步洗手法。通过对指甲长短的比较,知道什么时候要剪指甲,愿意主动修剪指甲。

---

① 李季湄,冯晓霞.《3~6岁儿童学习与发展指南》解读幼儿园的教师指导[M].北京:人民教育出版社,2023:288.
② 教育部基础教育司.幼儿园教育指导纲要(试行)[M].南京:江苏教育出版社,2002:37.

（4）通过宣讲活动，宣传勤剪指甲、勤洗手的好习惯，提高爱清洁、讲卫生的意识。

三 项目内容

本案例共有六个板块，分别是：讨论阶段、体验阶段、观察比对阶段、讨论实操阶段、宣传阶段、评价阶段。具体如下：（如图4-5-1）

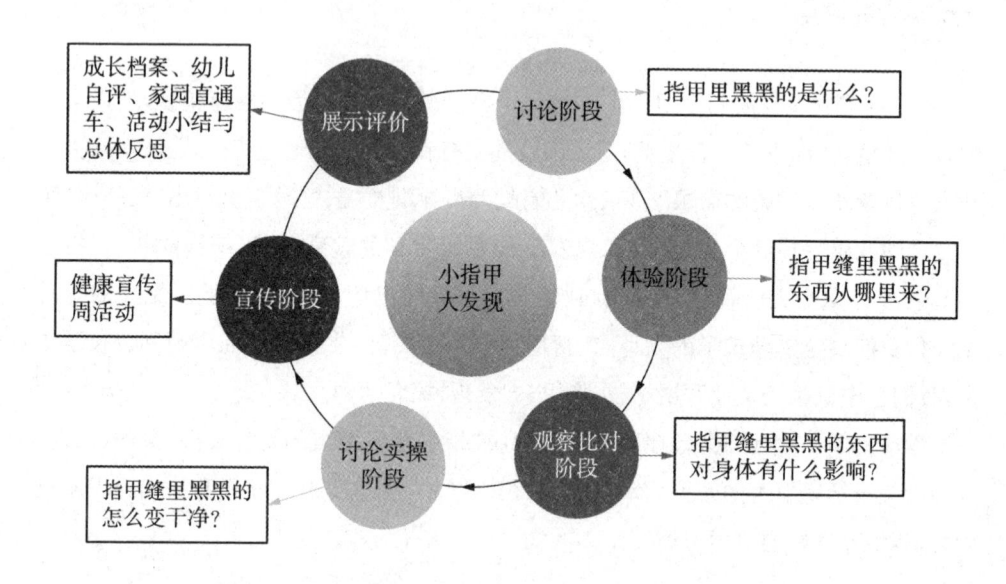

图4-5-1 "小指甲大发现"项目板块结构图

板块一：讨论阶段：指甲里黑黑的是什么？通过讨论，唤醒幼儿的已有经验，对指甲里黑黑的是什么进行初步猜想。

板块二：体验阶段：指甲缝里黑黑的东西从哪里来？通过实操，直观感受指甲容易藏东西，初步了解指甲里黑黑的东西从哪里来。

板块三：观察比对阶段：指甲缝里黑黑的东西对身体有什么影响？通过医生的科普和实验观察、比对，了解到指甲里有很多细菌，会引起一些疾病，知道洗完手后指甲的细菌会变少，认识到正确洗手的重要性。

板块四：讨论实操阶段：指甲缝里黑黑的怎么变干净？了解让指甲变干净的方法，巩固、学习七步洗手法，学习、尝试使用指甲钳。

板块五：宣传阶段：健康宣传周活动。成立宣讲小组，进班宣讲，向大家倡议加入

"勤剪指甲,讲卫生"的行动中。

板块六:展示评价。通过成长档案、幼儿自评、家园直通车、活动小结与总结反思的方式进行评价,其中包括过程性评价和总结性评价。

四 实施过程

本次项目活动通过团体讨论、观察、体验、比较、分享等多种方式展开,具体开展情况如下:

(一) 讨论阶段:指甲里黑黑的是什么?

一天晨检时,保健医生发现有的小朋友指甲很长,指甲缝里面还黑黑的。于是,小朋友发出了疑问:"指甲缝里怎么黑黑的?"由此引发讨论:指甲缝里黑黑的是什么?

老师:小朋友们,你们互相观察一下,看看谁的指甲缝是黑黑的。

妍妍:老师,我的指甲缝不黑。

馨宝:我看到伟良的指甲缝有点黑。

婷婷:老师,翘翘的指甲缝也是黑黑的……

瑾:老师,指甲缝里黑黑的东西是什么呀?

姝瑾:我觉得是泥巴。

若溪:老师,是细菌。

璟然:我知道,是因为他们没有洗手。

……

教师识别:小朋友对指甲缝里黑黑的东西十分感兴趣。在讨论中,小朋友结合自己的生活经验,对指甲缝里黑黑的东西是什么有了初步的猜测,也由此引发了对"指甲缝里黑黑的东西从哪里来"的兴趣。

(二) 体验阶段:指甲缝里黑黑的东西从哪里来?

一天,我们带小朋友们到户外玩沙,活动结束后,小朋友们洗完手,发现自己的指甲缝里还是黑黑的。

为了帮助小朋友更清楚地知道指甲缝里黑黑的东西产生的过程,老师在区域中投放了橘子、花生、黏土等操作材料。在操作的过程中,小朋友有了新发现。

璟然:我刚刚剥橘子,橘子的皮都跑到我指甲里面了。

王杰:我的指甲里面也变得好脏呀,我刚刚玩黏土,黏土都粘到指甲里了。

教师识别:通过区域活动的操作以及团体讨论,小朋友直观地感受到了在使用指甲的过程中,指甲缝里面容易藏东西,初步了解到指甲里黑黑的东西是从哪里来的。那么,这些黑黑的东西对我们的身体有影响吗?

(三) 观察、比对阶段:指甲缝里黑黑的东西对身体有什么影响?

小朋友根据自己的已有经验,纷纷作出猜想。

若溪:咬指甲会肚子痛。

家豪:妈妈说,指甲很脏,吃进去会生病的。

为了更加科学地验证小朋友们的猜想,我们邀请到了保健医生进课堂,通过医生的科普,小朋友了解到脏指甲里有很多细菌,会引起消化道疾病和寄生虫病。

在小朋友了解到脏指甲对身体会产生危害的基础上,我们通过使用显微镜观察脏指甲与洗手后的指甲中的细菌数量,让幼儿直观地看到洗完手后的指甲细菌更少。

通过观察和对比,孩子们发现洗手前后指甲里细菌数量是不同的。

姝瑾:洗手前好多细菌啊,好可怕!

馨宝:我觉得好可怕,我以后不敢把手放进嘴巴了。

璟然:对,我要认真洗手,这样细菌就少了。

通过实验观察、对比洗手前后指甲缝中的细菌数量,孩子们认识到了正确洗手的重要性。

(四) 讨论、实操阶段:指甲缝里黑黑的怎么变干净?

实验过后,小朋友越来越注意指甲的卫生,那么指甲脏了、黑了怎么变干净呢?

璟然:洗手,用洗手液洗手。

月月:要用七步洗手法洗手。

伽禾:我拿东西把它挖出来。

若宁:把指甲剪掉……

知道如何让指甲变干净的方法后,我们进行了七步洗手法的学习和巩固。以趣味儿歌《洗手歌》的形式,让小朋友爱上洗手。

在讨论中,小朋友提出还可以通过剪指甲的方式来减少指甲里储藏的细菌,但他们还未掌握使用指甲钳的方法,怎么办呢?

家豪:我可以让妈妈帮我剪。

涵涵:我可以自己学,我让妈妈教我……

我们通过播放剪指甲视频、儿歌、区域投放儿童指甲钳、家长指导等方式,帮助孩子学习剪指甲的方法,并尝试自己修剪指甲。

(五) 宣传阶段:健康宣传周活动"小指甲大发现"

为了让更多小朋友知道我们的探究成果,动员更多的小朋友加入我们的"勤剪指甲,讲卫生"大行动中,我们成立了宣讲小组,到各个班级进行"小指甲,大发现"的宣讲,倡议小朋友要养成常剪指甲、勤洗手、讲卫生的好习惯。

通过我们的宣传,越来越多的小朋友认识到了"勤剪指甲,讲卫生"的重要性,纷纷加入我们的行动。

(六) 展示评价

本次活动的评价方式包括过程性评价与总结性评价,且以过程性评价为主,具体如下。

1. 成长档案

以小朋友个体为单位,收集每个小朋友在整个活动过程中从不同角度和层次参与学习、取得进步与成就的证明,并由小朋友、教师、家长多个主体对小朋友的个性化表现进行评价。

2. 小朋友自评

小朋友在团体讨论、区域活动中开展自我学习、自我探索、自我发现的活动,以其自身为主体对自己的想法、表现进行自我评价,展示自己的独特个性。

3. 家园直通车

通过家园直通车向家长反馈本次活动的开展状况以及孩子们的学习过程,并通过家园联合评价获取更全面的小朋友信息,展现小朋友学习与发展的真实状况。

4. 活动小结与总体反思

本次活动内容由问题讨论、操作感知、实验发现、方法总结、成果宣传五个部分组成。在每次活动结束后对活动目标的达成程度和活动效果进行评价,并形成对整个项目的总体反思。

五 项目成效

此次项目活动源于小朋友对指甲缝的关注,在一系列活动中,小朋友进行亲身体验、探索发现,收获成长。本次活动也获得了一些喜人的成果。

1. 孩子们了解到了指甲缝里黑黑的是什么,以及指甲缝里黑黑的原因;发现了指甲在不同状态下细菌数量的不同,知道脏指甲影响身体健康。

2. 帮助小朋友巩固练习了七步洗手法、初步掌握了使用儿童指甲剪清洁指甲的方法;通过宣讲,让更多小朋友了解了我们的探究成果,愿意加入我们"勤剪指甲,讲卫生"的行动中,提高了小朋友讲卫生、爱清洁的意识,形成了《小指甲,大发现》探究活动册和探究活动推文。

3. 活动中小朋友能够主动思考,积极参与,通过讨论、操作、实验、分享等方式,提高了思考问题、解决问题的能力;在对身边事物的探究中进一步发展了好奇心、爱思考、善发现、乐分享等积极主动的学习品质。将活动延伸到家庭中,加强家园沟通,促进家长及时关注孩子的学习与发展,家园合育,共促幼儿健康成长。

总之,本次活动不仅解决了孩子们的疑问——"指甲里黑黑的是什么",满足了孩子的兴趣和探究欲望,还帮助孩子们养成了勤剪指甲、讲卫生的好习惯,同时,提升了孩子们解决问题的能力、动手能力、协作能力,是一次生动有趣的课程之旅。

(撰稿人:深圳市坪山区实验幼儿园　黄梦芝,张成,袁桂娣,胡丽红,曾翠萍,温荣霞)

第五章

方式激活：跨学科学习是实践性学习

跨学科学习是实践性学习，是在实际情境中认识与体验客观世界，并基于多样化操作性学习过程分析解决实际问题的学习活动。跨学科实践学习是一条深邃而博大的求索之路，体现了"认识—实践—再认识"的基本原理，它以真实生活问题为驱动，着眼于教学内容的任务性、学习活动的真实性、教学设计的情境性以及学习过程的参与性，立足实践，打破学科的界限，将不同领域、各类理论融会贯通，形成一幅宏大而精美的育人画卷。

跨学科学习活动的开展离不开实践性学习的有力支撑。实践性学习,是指学生在教师的指导下,以问题为中心,有目的地运用所学知识,在实际情境中认识与体验客观世界,并基于多样化操作性学习过程分析解决实际问题的学习活动。① 我们认为,实践性学习应以面向真实世界的真实问题为驱动,以主动确立目标、搜寻资源、规划路径、解决问题为手段,以培养有理想、有能力、有担当的时代新人为宗旨,围绕共同主题,突破学科界限,将不同领域和理论方法有机融合,设计具有整合多元学科知识的主题教学活动。

跨学科实践性学习指向学生发展核心素养,具有一定的典型特点。《中国学生发展核心素养》中提出科学精神和实践创新能力是中国学生发展核心素养的重要组成部分。② 因此,基于跨学科的实践性学习成为指导学生发展,推动课程改革的重要方法之一。实践性学习具有内容的任务性、学习活动的真实性、教学设计的情境性以及学习过程的参与性四个主要特点,围绕这四个维度,我们通过教学探索,深入理解实践性学习的方法、实施步骤、内涵,并提出相应的实践范例,对于广大中小学教师具有一定的现实意义和借鉴价值。

跨学科实践性学习是基于五大要素开展的学习方法。学生在学习中,充分运用相关学科知识,通过科学探究方法、工程思维方法、制作实践方法以及数学分析和表达等五种学习方法分析问题、解决问题。③ 我们认为,在跨学科实践活动中,我们应以任务为导向,立足于多学科知识交叉,借助多元化支架支持,激发学生的高级思维。华东师范大学吴刚平教授指出,实践性学习的实施策略,应当做到跨学科主题学习任务化并

---

① 郭元祥.论实践教育[J].课程·教材·教法,2012(1):17—22.
② 中国学生发展核心素养课题组.《中国学生发展核心素养》总体框架[J].师资建设,2016(5):13—15.
③ 李克东,李颖.STEM教育跨学科学习活动5EX设计模型[J].电化教育研究,2019,40(4):5—13.

将主题学习与学科主题学习交互渗透。[1] 这与我们的课程设计思路不谋而合。学生面对真实情景中的问题,并以寻找问题的解决办法作为学习任务,进行任务驱动的学习,在基础知识重温、探究、解释、实践、评价等环节,逐步达成问题解决的目标,发展科学精神和创新实践能力。

跨学科实践性学习的学习活动设计是有一定步骤的。[2] 其课程设计强调问题驱动学习、思维、实践、创新尝试能力培养和效果检测五大要素,注重学生实践能力、创新精神和团队合作精神培养的教育模式。我们经过实践探索,总结跨学科实践性学习的基本步骤为:创设情境与提出问题、探究学习与基础学科知识应用、工程规划与技术制作、基础知识再扩展与创意设计、多元化评价系统设计与项目式学习反思。通过五个基本步骤的实施,学生知识体系得到丰富,解决问题的能力得到提高,综合素质和创造力得到培养,自我评价与反思能力得到训练,最终达到全面提升学生综合素质,培养适应社会发展的人才。

跨学科实践性学习倡导多元化学习实践形式。各类实践方式均审慎且明智地处理了理论与实践、过程与体验、获取与提升之间的关联。当前,主流的实践方法包括:体验学习、探究学习、操作学习、交往学习以及问题学习。

我们认为,体验学习强调通过实践进行体验和领悟。杨帅兵老师的"看见数据的世界"学科案例,利用先进的软件技术收集数据,邂逅儿童观赏数学之美,使学生在实践中学习,在行动中体会。探究学习着重于发现、分析和解决问题的过程。曾海洋老师的《寻找传统杆秤的身影》一文,从文化传承的角度出发,引导学生探索杆秤的制作奥秘,进而思考文化传承的重要性。实践学习注重理论实践的融合,以理论指导实践,并通过实践提升民族自豪感。王宇菲携手深圳市坪山区碧岭实验学校的小小厨师们,开展"舌尖上的土豆"的教学活动,通过鲜明且富有感知力的劳动实践研究,培养孩子们的探究思维和劳动意识。交往学习中,学习者通过对话、合作和探讨,交流观点、思维和价值观,以超越自我,实现提升。吴耿霞、杜培、吴婷苑三位老师在"英语'话'中国"的课程中,以中国传统知识为基础,鼓励学生发挥创意设计,用英语向全世界介绍中国春节。问题学习是以解决问题为核心的学习方法。[3] 坪山实验学校的孟茜茜老

---

[1] 吴刚平.跨学科主题学习的意义与设计思路[J].课程·教材·教法,2022,42(9):53—55.
[2] 张华.论理解本位跨学科学习[J].基础教育课程,2018(22):7—13.
[3] 闫永平.新课标视域下的实践性学习:内涵、特点与实施建议[J].教师教育论坛,2023,36(12):9—12.

师以"绘'影'会声之和平校园"课程为抓手,带领学生宣传防欺凌知识,引导学生运用艺术与创造唤醒学生关爱他人、团结互助的意识。

综上所述,跨学科实践性学习体现了"认识—实践—再认识"的基本原理。课程实践着眼于教学内容的任务性、学习活动的真实性、教学设计的情境性以及学习过程的参与性。通过在真实语言运用情境中开展结构化的跨学科实践活动,让学习者自主参与,完成学科认知、个人体验以及社会生活积累等目标,从而提升学生的科学精神和实践创新能力。在实践活动中,学生聚焦学习任务,整合多学科知识,运用多元化手段,激发深度思考,唤醒对当前人类所面临问题的真实关怀和责任感,全面提升学习者的综合素质。

(撰稿者:深圳市坪山区中山小学　朱思楠)

创意 5‑1 看见数据的世界

一 项目背景

近年来,深圳市以数字政府为牵引,聚焦"优政、兴业、惠民",全面打造数字政府、数字经济和"数字市民"三位一体的数字深圳。在进行数字化建设的同时,必然产生大量的数据,如何从中快速分析得到有价值的信息,对数字深圳的建设至关重要。

一图胜千言,可视化无疑是让数据变得亲切且便于理解的最有效的途径。《义务教育教学课程标准(2022年版)》提出数学学习内容共四部分,包括数与代数,图形与几何,统计与概率,综合与实践。① 本项目共十个课时,通过对不同信息的可视化展示,学生可以更深入地了解统计与概率及综合实践部分,在可视化建模过程当中,有助于学生形成模型思想,促进数据分析观念,也能提升学生的推理能力、应用意识及创新意识;通过信息技术手段对历史、地理等数据进行建模,将多学科知识点融合进可视化图形创作当中,将数据信息直观地展示出来,有助于深入学习相关知识点,培养学生自主学习的学习兴趣。学生在解决实际问题的整个过程中,不断探索尝试,势必会发现自己的兴趣点,并能深挖相关知识,从而提升自主学习能力及应用创新意识。

二 项目目标

(1) 获得数据可视化的基础知识,体会数据与统计之间,数学与信息技术、美术、地理等学科之间的联系。

(2) 能利用数学与其他学科融合的新思维方式思考,提高发现问题、分析问题和解决问题的能力。

---

① 中华人民共和国教育部. 义务教育教学课程标准(2022年版)[S]. 北京:北京师范大学出版社,2022:16.

（3）了解数据世界的美，发现数据可视化的价值，学会合作学习，养成良好学习习惯，具备初步的创新意识。

三 项目内容

本项目涵盖三大核心板块。首先，我们将通过小组合作的形式，系统学习可视化方法，以提升团队的数据处理能力。其次，我们将鼓励自主探究，让每位成员亲手制作可视化图表，以加深对数据的理解和认识。最后，我们将进行深度思考，挖掘图表背后的信息，以洞察数据的内在逻辑和规律。三大板块相辅相成，共同构成了本项目的学习与探究体系（如图5-1-1所示）。

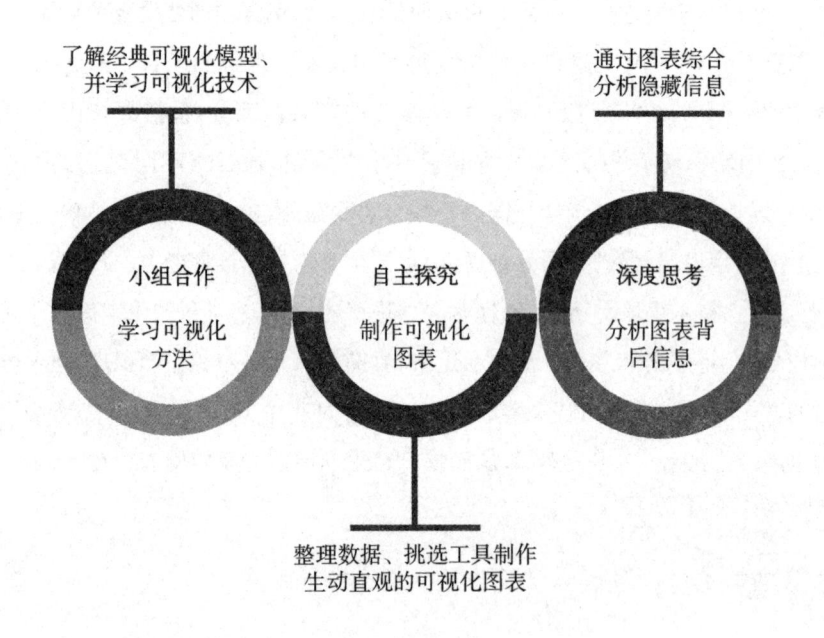

图5-1-1 "看见数据的世界"项目结构图

板块一：小组合作，学习可视化方法。小组通过查找文献，搜寻网络资源，了解可视化发展历程，学习比较经典的可视化模型，在教师引导下学习各种可视化技术方法。

板块二：自主探究，制作可视化图表。同学们在小组合作、自主探究的基础上制作出深圳市各区人口数量及经济的热力图、雷达图、云图、热力地图等炫酷的可视化效果，让数据以更生动更有冲击力的方式展示出来。

板块三：深度思考，分析图表背后信息。引导学生深挖可视化图背后的隐藏信息，比如现阶段深圳各区人口及经济发展现状的历史原因及现实原因。对比坪山区人口及经济发展现状，对坪山区的高质量发展提出自己的建议。

四 实施过程

（一）明确分组，了解经典可视化模型

根据日常学习的数学小组直接分组，小组长可以共享实施进度及实施过程中的心得体会。项目分组后，各个小组通过查找文献，搜寻网络资源，了解可视化发展历程，学习比较经典的可视化模型。

（二）小组展示，绘制可视化手抄报

查阅文献，了解可视化模型的发展历程，学习经典可视化模型的表示方法，小组合作制作可视化简介 PPT，并向大家展示。同时挑选自己喜欢的可视化模型，绘制可视化手抄报，对经典进行再现，了解可视化图表的别样特点。

（三）学习可视化技术方法，进行数据处理

图表是数据可视化的常用手段，其中又以基本图表——柱状图、折线图、饼图等较为常见，在教师的引导下，学生利用 Excel 对简单数据进行展示，绘制柱形图、折线图等，同时向学生介绍其他具有特色的图表，比如，能将思考路径和思考程序直观呈现出来、层次分明的鱼骨图；适合用于查看总体情况、观察特殊值或者显示多个变量之间的差异性、检测它们之间是否存在相关性的热力图；由词汇组成类似云的彩色图形，用于展示大量文本数据的词云图。

日常数学或信息课上，实施之前所需要实验的数据都是现成的，在项目开始前由学生讨论数据该从哪里获取。学生会提出在网上、在书籍上，或者在报纸上，等等，在尝试过后会发现采集数据的不易。教师此时点出数据的宝贵性，并借第七次全国人口普查的背景，向同学们介绍统计局的作用，并引导学生尝试到统计局官方网站上进行查找，最终查找出深圳市各区人口及经济现状，各个小组合作分工，分别对深圳市各区近十年的人口及经济数据进行整理，为下一步可视化展示做好准备。

(四) 自主学习,选择可视化工具

在学习的初期,我们已经深入探讨了多种数据可视化方法和工具,包括 Excel 和 Python 等。然而,鉴于初中生的认知水平和实际操作的可行性,我们特别推荐了花火制作和 FineBI 这两个具有代表性的工具。花火制作以其动态数据可视化的卓越性能而备受推崇,而 FineBI 在数据看板设计方面则表现出色。值得一提的是,这两种工具的操作流程均相对简洁,小组成员在经过短暂的学习后,便能够迅速掌握 FineBI 的操作技巧,并独立制作出各种可视化图表。

在小组合作和深入探究的过程中,同学们成功运用所学知识,制作了深圳市各行政区人口数量及经济状况的热力图、雷达图、云图以及热力地图等多样化的可视化效果。这些图表不仅使数据呈现更加生动和具有冲击力,同时也引导我们深入挖掘图表背后所蕴含的深层次信息。例如,通过分析深圳各行政区人口及经济发展的历史与现状,我们可以更好地理解其背后的原因。此外,通过对比坪山区的人口及经济发展状况,同学们还能为坪山区的高质量发展提出富有建设性的建议。

(五) 项目评价

本课程对学生的成绩评定将从五个维度进行:专业知识掌握情况、学习态度、专业技能、专业素养和最终成果展示。学生的成绩将以等级制的形式体现,具体为:A 等级对应 80 分及以上,B 等级对应 70 分及以上,C 等级对应 60 分及以上,其余分数将划定为 D 等级。

在成绩评定的过程中,过程性评价和结果性评价将各占 50% 的权重。过程性评价将通过学生评价表和课堂活动评价表的形式进行,评价过程将涵盖学生自评、小组互评以及教师评价等多个环节。而结果性评价则将主要依据学生的最终成果作品展示进行。

具体的评定标准和流程如表 5-1-1 所示。

表 5-1-1 《看见数据的世界》项目评价表

评价项目	评价内容	自我评价	小组评价	教师评价
专业知识 (10 分)	掌握根据数据信息进行可视化的基础知识			

(续表)

评价项目	评价内容	自我评价	小组评价	教师评价
学习态度 （10分）	积极参加课堂活动，兴趣浓厚，耐心解决疑难问题			
专业能力 （15分）	善于观察分析，动手能力强，能快速绘制可视化结果			
专业素养 （15分）	能根据已有信息进行创新，利用不同的色彩、结构、模型绘制出可视化图			
成果展示 （50分）	能根据给出的数据，绘制出完整的可视化图形			

五 项目成效

学生将深圳市人口及经济数据制作成炫酷的可视化效果图，让数据以更生动更有冲击力的方式展示出来，同时深挖可视化图背后的信息，结合自己所学对坪山高质量发展建言献策。最终实现了深度学习，初步形成了创新意识，促进了跨学科学习能力的提升。

（一）了解深圳发展，增强城市自豪感和归属感

学生通过对深圳市近十年人口及经济数据的可视化展示，发现深圳的发展历程是世界经济发展的一个奇迹，由此增强对城市的自豪感和归属感，也可以激发为城市的未来发展贡献力量的热情和动力。

（二）增强数学理解，培养创新意识

学生将数学知识应用于实际情境中，更好地理解数学概念和原理。通过与信息技术、美术、地理等学科的结合，学生可以更深入地了解数学的背景和应用，从而增强对数学的整体理解，以不同角度和学科的思维方式去思考问题，激发学生的创新灵感。

（三）团队合作，促进跨学科学习

在项目学习过程中，学生需要分组合作完成任务。学生在团队中发挥自己的长

处，与团队成员有效沟通并协调工作。在分析数据背后的问题时，学生有机会接触到不同领域的知识，通过主动地向外探索、求知，可以拓宽视野并培养跨学科学习的能力。

总之，对数据进行可视化的过程，深度涉足数学抽象、数学建模、数据分析环节，不仅对培养学生数学学科核心素养有很好的促进作用，更能够培养学生综合实践能力和创新应用能力，让学生真切感受到数学是有用的，数据是瑰丽的。

（撰稿者：深圳市坪山区光祖中学　杨帅兵）

创意 5-2　寻找传统杆秤的身影

一　项目背景

对于小学四年级的学生而言,直观形象思维已发展到了一定的程度,开始向抽象思维过渡,适于通过具体的探究实践活动促进其思维能力的发展。

基于以上因素,我们结合"杠杆类工具的研究"一课教材内容,确定了"寻找传统杆秤的身影"这一跨学科融合项目。本次探究活动历时 13 周,通过对杆秤的研究,让学生感受传统工具承载的一些"道德"标准,让"道德"由抽象、隐性变得更具体、可见。从而培养学生的个人基本道德意识,为以后的学习、生活提供更多的行为准则。

二　项目目标

(1) 在实践的过程中明白"杠杆"的原理;有多个因素会影响杆秤的精确度。

(2) 通过实地考察、访问等方式了解杆秤在生活中的应用情况。根据研究过程收集的数据及分析结果,写一份关于杆秤应用现状的科学小论文。

(3) 通过与同伴合作探究、交流,增强合作意识与沟通表达能力。乐于分享自己的经验,用批判性态度看待事物的变化,体会到技术对生活、社会产生的影响。

三　项目内容

本次跨学科活动案例以工程设计为核心,以调查实践为依托,形成发现问题—原理探究—模型制作—评价反思—交流总结的工程实践过程。整体分为五个阶段。项目内容之间的关系形成了学习→应用→提升→再学习的良性闭环。(项目内容如图 5-2-1)

```
                    ┌── 阶段一：发现问题 ── 通过调查，观察现象，发现问题
                    │
                    ├── 阶段二：探究原理 ── 问题假设，模型探究，了解原理
寻找传统杆秤的      │
身影项目内容        ├── 阶段三：制作模型 ── 工程设计，模型制作
                    │
                    ├── 阶段四：评价反思 ── 通过评价，促进反思，达成共识
                    │
                    └── 阶段五：交流总结 ── 举办杆秤产品交流展示会，进行总结性评价
```

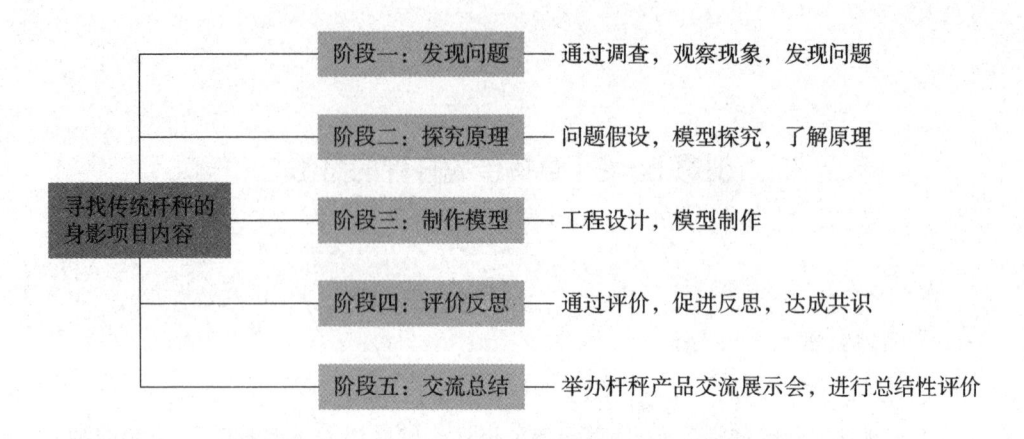

图 5-2-1 "寻找传统杆秤的身影"项目内容展示图

第一阶段，通过调查、观察现象，发现问题。从杆秤能以小秤砣称大重物现象中推导、验证其原理。

第二阶段，对问题进行假设，制作模型进行探究，了解杆秤原理。利用对杠杆原理的解析、理解，指导学生进行自制杆秤的图纸设计。

第三阶段，基于设计方案，动手制作。通过头脑风暴提出设计方案，精简优化方案，进行杆秤制作与调试修正，打造个性化的杆秤。

第四阶段，评估杆秤作品、反思。通过评估作品，促进反思，达成共识，形成正确道德观念。

第五阶段，总结交流，成果展示。举办杆秤产品交流展示会，进行总结性评价。

四 实施过程

根据项目内容的特点与性质，项目实施要以促进学生的探究实践能力为主导方向，同时形成正确的价值观与社会责任感，能遵守社会公共道德，维护自身和他人的合法权益，捍卫国家利益；以学生已有经验为基础，加强跨学科内容整合，注重教学方法的适切性，提高项目活动的有效性。

(一) 课程课时及进度安排

本次"寻找传统杆秤的身影"主题课程活动以工程设计为核心，以调查实践为依

托,形成发现问题——提出方案——改进方案——解决问题——形成总结的过程。整个过程被细分为五个阶段,在首个阶段,我们通过详尽的调查,成功识别出了存在的问题;进入第二阶段,我们针对识别出的问题进行了合理的假设,并构建了相应的模型进行深入探究,从而充分理解了杆秤的工作原理;在第三个阶段,我们付诸实践,通过头脑风暴设计出具体的实施方案,并对方案进行了精简优化,随后进行了杆秤的制作以及调试修正工作;进入第四阶段,我们组织了杆秤的交流活动,对制作过程中的经验和教训进行了总结。最后,我们将成果公之于众,举办了杆秤产品交流展示会,并对整个过程进行了全面、深入的总结性评价。

(二) 具体实施内容及过程

项目开始导入情景故事,通过视频内容引起认知冲突,收集商品交易典型数据,引发学生思考诚信的重要性,从而反思自己的诚信观。课前实践活动:组织学生到学校附近农贸市场购买面粉,分别在不同的商家购买相同重量的面粉。回来后对这些面粉进行重新称重,发现实际重量并不相同,有些相差大一点,有些相差比较小。引出问题:什么原因导致称重结果不一样呢?利用杆秤称重能做到重量结果完全一致吗?是什么原因导致结果不同? 在这样的问题驱动下,学生的思维就自然进入下一个探究环节。

基于初步探究,课程设计体验跷跷板活动,帮助学生形成对杆秤结构的感性认识,促进学生理性认识杆秤结构。学生在小时候就体验过跷跷板,对以轻胜重有明确的感知;利用已知迁移至杆秤的使用,可以快速明白其操作方法,并正确记录测量数据。学生通过对数据的分析与思考,会得出结论:离杆秤提纽的距离不同,称出物体的重量不同。离得越远,物品越重;离得越近,物品越轻。有体验、有数据,构建杠杆模型的难点就得以突破,制作杆秤就更加容易了。

有了理论的支撑,动手制作显得水到渠成。为了让学生的创意得到更多的体现,杆秤模型的制作采取开放式,只限定量程,不限材料、样式、粗细等。模型展示后,有这几个特点:风格相差大、精确度相差大、材料种类多样。少量模型观赏性与实用性不能统一。

针对以上特点,学生进行讨论与分析,设计出不同的评价方案,找出不同模型的优缺点;还对杆秤刻度的精确度进行了特别的关注,从多种因素出发,核实其科学性。经多次组内、组外讨论、实际称重,发现影响杠杆精确度的因素有提纽位置的确定、秤杆嵌入方式与材料、秤杆的材料与形状、秤盘重量、杆秤外形装饰的重量与位置等。根据以上因素，归纳总结出杆秤原理就是杠杆原理，由用力点、支点、阻力点三点位置关系影响杠杆平衡。利用杠杆原理，对杆秤模型进行修改、调试直至观赏性与功能性兼备。

互动交流，项目小结。学生经历了一个明确问题、在限制条件下进行设计、制作模型、测试模型、评价及改进的项目设计与制作的过程后，亲自体验了跨学科项目学习的综合性、实践性，认识到工具兼有科学性与道德内涵，对自身的思想道德建设具有指导性、榜样示范性。

(三) 项目评价

以项目目标为依据，构建提升探究实践能力为主的综合评价体系，发挥评价的导向功能、诊断功能和改进功能。结合过程性评价和终结性评价，形成最后的成绩评定。

1. 过程性评价

《寻找传统杆秤的身影》项目以评价促进能力的发展为评价原则。从基本知识及应用、基本技能两方面评价学生；基于项目要求，让学生明确项目内容，鼓励学生用自评的方法发现学习过程中的问题和薄弱环节，分析形成的原因，并通过自我反思形成更好的学习方法。项目活动持续时间较长，涉及的环节很多，应重点关注对杆秤原理的理解、自制杆秤的图画设计、动手实践能力的评价。主要环节的评价如下。

① 杆秤原理理解程度评价：教师在项目中通过多种方式了解学生的理解程度，及时发现好的学习方法，并分享给其他学生；分析项目过程中不合理的学习方法和原因，针对性实施有效指导。

② 自行对设计图合理性进行评价：小组内学生对自己的设计图进行阐述，小组成员利用设计要素进行评价，达到小组内互评。学生根据评价反馈对设计图进行修改。组内评价后进行第二轮组间互评，利用互评促进整体进度的推进，持续保持学生高度的参与热情。

③ 动手实践能力强弱评价：项目作品需要手工制作，材料的选择与工艺的精细度都属于评价内容。材料不同会影响成品的成本和加工的难易程度，工艺的精细度影响作品整体美感。综合多因素评价可以让学生对项目的全面性有更深的认识。

2. 总结性评价

项目以促进学生核心素养的发展为评价原则，面向项目全过程设置总结性评价。总结性评价是指学生在项目过程中涉及的各种能力表现及形成的态度，具体包括：合作学习是否有自己的见解与主张,具备质疑精神;分享过程中的语言表达是否准确、主动;是否全程参与,提出有效建议,制作出完整作品。项目评价以鼓励为主,同时提出合理建议。

五 项目效果

项目实施过程中通过观察、使用杆秤,制作杆秤,感受到小工具蕴含大道理,从而强化学生正确道德价值观的建构。实现了将不同领域内的学科知识和技能的教与学整合到一起的跨学科融合教学,将学生习得的零碎知识变成一个有结构的整体的预想。

1. 跨学科融合重视多学科的联结,综合式解决真实性问题

本课程结合一定的前景,设计真实情境作为驱动性问题引出核心问题。随着问题的不断展开,学科间的界限模糊了,取而代之的是多学科知识共同合作下的,有目的、有计划地进行课程设计和活动组织。

2. 给家校合作提供机会

为了深入探究杆秤的应用及其历史背景,学生在参考书本资料的同时,亦应高度重视与长辈间的经验交流。长辈们凭借着丰富的实际经验和历史见识,能够为学生提供真实而详尽的杆秤使用及制作方面的指导。通过与长辈的深入沟通,学生不仅能够了解杆秤的具体应用方法,还能从其亲身经历中汲取宝贵的经验和智慧。

3. 道德准则的具象化

"诚信"是一种抽象的思想意识概念,其具象化表现可通过杆秤来体现。这种具象化的方式有助于学生通过亲身体验来深刻领会诚信的内涵,进而将其应用于学习和日常生活中。

总的来说,本次跨学科探究活动加深了学生对传统测量工具的了解,提升了学生的工程设计、制作能力;培养了学生基于证据和逻辑发表自己见解的科学态度,与他人善于合作,乐于分享;促进学生形成正确道德观,使其具有高度的社会责任感。

(撰稿者:深圳市坪山区坑梓中心小学　曾海洋,周伟文)

创意 5-3　玩转舌尖上的土豆

一　项目背景

党的十八大以来,党和国家高度重视劳动教育。《中国儿童发展纲要(2021—2030)》[1]中提出鼓励儿童积极参与科技、文化、劳动等实践活动,参与日常生活劳动、生产劳动和服务性劳动。教育部新修订的《义务教育课程方案》[2]明确了劳动教育作为国家课程的重要地位。结合校园实际情况和学生自主需求,我们积极开发《舌尖上的土豆》劳动教育特色校本项目。

土豆在餐桌上很常见,然而在课程开发前的学生调查中发现,学生对土豆的兴趣十分浓厚,但对土豆的了解仅限于食用,多数同学并不清楚土豆的文化背景、科技应用、营养价值、生长种植方式等。因此,本项目以劳动教育为项目开发切入点,选取"舌尖食材"作为主题,围绕"打造校园土豆节"主题开展一系列多融合的活动。

本项目参与对象为小学三、四年级学生,共 15 课时。活动充分利用校内闲置土地等现有资源开展项目教学,以 ADDIE 理论模型为指导,以沉浸理论、多元智能理论、建构主义学习理论三大理论为依托,强调学科核心概念与教材知识点紧密结合,将探究与实践相融合、课内与课外相融合、动手与动脑相融合,旨在通过教师合作、师生合作、生生合作、亲子合作的组织形式,跳出学科本位,打破课堂界限,让学生真正实现"做中学""玩中学",感受知识的魅力和劳动的快乐。

二　项目目标

(1) 认识土豆发展的历史过程,知道土豆在不同地区和时期的别称、其背后的历

---

[1] 国务院.国务院关于印发中国妇女发展纲要和中国儿童发展纲要的通知[EB/OL].(2021-9-8)[2024-03-07].https://www.gov.cn/gongbao/content/2021/content_5643262.htm.
[2] 教育部.教育部关于印发义务教育课程方案和课程标准(2022 年版)的通知[EB/OL].(2022-03-25)[2024-03-07]https://www.gov.cn/zhengce/zhengceku/2022-04/21/content_5686535.htm.

史和有趣的小知识,提升语言理解与运用的能力、跨文化理解的能力。

(2)了解土豆生长所需的基本条件,体验种植土豆的过程,掌握植物基本种植过程与测量记录方法。

(3)掌握简单的土豆烹饪方法,参与日常生活家务劳动,养成珍惜劳动成果和勤俭节约的优良品德。

(4)通过策划、组织、开办校园土豆节,增强合作精神、沟通能力及系统思维。

三 项目内容

本项目以"如何打造多感官参与的校园土豆节"作为驱动性问题,主要由明确要求、撰写方案、创意设计、测试评估、交流分享五个板块组成。(如下图5-3-1)

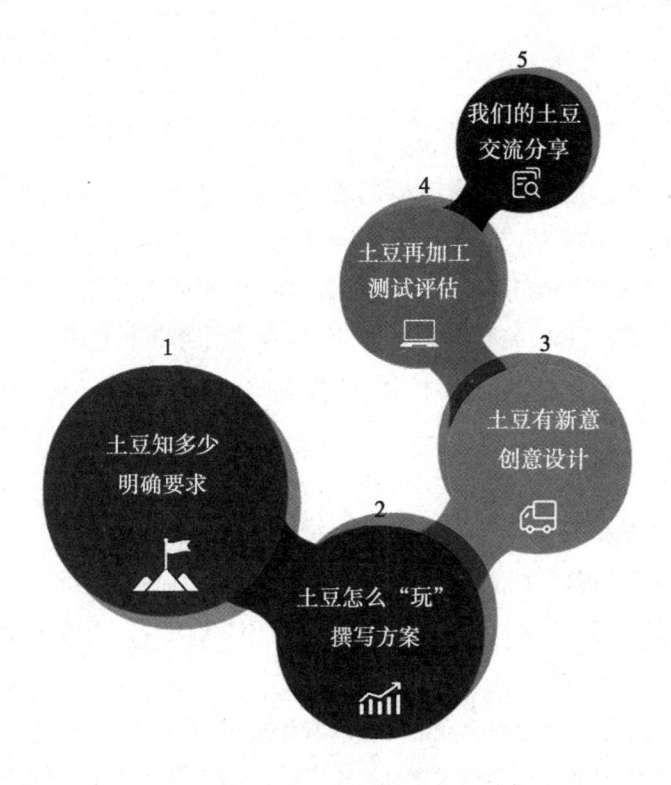

图5-3-1 "玩转舌尖上的土豆"项目结构图

板块一是明确要求。本跨学科项目与学生的生活经历高度相关,需要对土豆的历史、文化及科学知识进行收集,并根据自身兴趣和特长分担不同的职责,通过查找资料、同伴交流等方式获取信息。

板块二是撰写方案。调查并收集土豆相关信息,并对科普需求进行分析,挖掘潜在热点话题。在此基础上,制作土豆展策展方案,对相关展品与展览方式进行初步讨论设计。

板块三是创意设计。在方案指引下,对土豆节的展品进行特色设计,并对土豆知识小报、土豆绘本、土豆文创等产品进行制作,完成展区的初步搭建。

板块四是测试评估。对土豆展科普效果进行测试,通过自评、同伴互评、教师评价等方式总结现有不足,并针对问题进行改进,优化展览效果。

板块五是交流分享。通过多种方式分享策展心得与活动经验,总结本次探究活动的成效与不足之处。

四 实施过程

本次活动以舌尖上的土豆为切入点,通过系列活动,学生逐步经历明确要求、撰写方案、创意设计、测试评估、交流分享等过程,在真实情境下深化了对土豆的理解,跨学科能力、核心素养均得到拓展,同时其信息提取能力、沟通交流能力、自我反思能力等也得到了有效训练。通过跨学科学习,学生对土豆的了解不再局限于食用价值,对土豆相关的科学史、科学哲学及科学社会学内容均有所涉及,好奇心、探索欲及成就感得到满足。

(一) 明确要求

充足的需求分析是项目启动的前提。项目组成员对周围同学的土豆相关认知及需求进行了梳理,通过问卷调查等方式,充分了解同学们对于土豆的学习需求,并进一步对需求进行文本分析。

经过调查发现,学生们对土豆的了解仅限于食用,并不清楚土豆从土壤里一步步走向餐桌的过程。同时,同学们对土豆兴趣广泛,不仅包括土豆生长、种植等劳动实践知识,也包括土豆品种、土豆产地、土豆周期、土豆美食、土豆星球等人文类、社科类、艺术类问题,这也从侧面说明了本项目的重要性,为进一步打造校园土豆节做有力支撑。

(二) 撰写方案

为了使土豆节更贴近校园生活,项目组成员在老师的协助下对周围同学的科普需求进行分析,发现潜在热点,并围绕同学们的关注点设计相关展品:土豆知识小报、土豆种植记录照片、土豆绘本、土豆科学实验记录单等,并对阅读区、交流区、互动区和休闲区等科普展区做初步划分。在此过程中,老师为同学们提供学习支持,包括选择学习内容、介绍学习方法、提供学生活动手册、明确作品评价标准等。

(三) 创意设计

在土豆节方案的指引下,项目成员们充分借助老师提供的支架对土豆节的展品进行特色设计,对土豆知识小报、土豆绘本、土豆文创等产品进行制作,并对展区进行初步搭建。此外,规划各阶段文创产品设计要素,在设计的过程中不断调整反思,以保证科普展品贴近同学们的真实需求,让同学们真正成为学习的主控者与参与者。

(四) 测试评估

在初步完成土豆节展品设计后,项目成员内部进行了多次测试,对存在的问题进行分析改进。首先,土豆节展品形式单一,作品大多是静态的陈列,对学生阅读力、专注力的要求较高,不太符合三年级学生的现有认知特点;其次,土豆节展区功能单一,主要为阅读区,缺少与观众的沟通互动,此外也需要给观众提供休闲娱乐的舒适空间。最后,现阶段的土豆节策划受到了一定的时空限制,对于没有办法前来参观的同学而言,土豆科普并没有落到实处。

因此,针对以上问题,项目成员对土豆节进行了优化改进,措施如下。

1. 丰富展品形式

从眼睛看、鼻子闻、耳朵听、用手摸、嘴巴尝的多感官参与角度增加了土豆菜肴、土豆科普小品、土豆搭搭挑战。针对土豆小报需要贴在墙上、灵活性较差的问题,成员们提出了可以通过制作小报集的方式将小报汇编成册,方便前来参观的同学阅读观看。

2. 细化展区设计

前期策划土豆节主要是从展品角度进行设计,没有考虑到观众的参与感受与娱乐需求。因此,在参观了一些线上博物馆后,成员们对土豆节进行了细致明确的分区,将土豆节分为阅读区、交流区、互动区和休闲区。细化后的土豆节功能明确,较为全面地考虑到了多种参与体验。

3. 拓宽影响范围

前期土豆节的展品均用于现场陈列与表演,无法满足因故不能前来参观同学的学习提升。为了解决这一时空限制,团队成员提议将知识小报汇编成册,便于同学们借阅和分享。

(五) 交流分享

通过扎实地筹备,土豆节顺利开办。项目组成员在合班教室及校园内进行展览预告,吸引了许多学生前来参观,同学们互动频繁。他们以团队设计的土豆文创作品为媒介,分享对土豆的情感和创意。也有同学展示了他们小组对土豆历史的研究成果,从土豆的起源到不同地区的传统土豆食谱,引发了观众对土豆文化的好奇心和探索欲。另一些同学则展示了他们对土豆营养价值的关注,通过精美的土豆小报展示了土豆的营养成分及其对健康的重要性,引发了观众对土豆的营养价值的思考和讨论。在分享展品、交流讨论的过程中,学生的口头表达能力和自信心均得到了有效的锻炼,也提升了他们的活动组织能力、跨学科思维和系统思维。

五 项目成效

项目的圆满开设加速了学校"五育并举"项目体系的建设,为进一步实践与推广打下了坚实基础。项目重视过程性评价而非结果性评价,通过分层次、有梯度的评价机制,学生在综合自我评价、同学互评、教师评价的多元、全面、客观的评价当中,自我认同感得到提升。

(一) 学生主体地位得以展现

项目立足于学生的真实需求,在设计开发之前充分倾听学生的心声,依据充分调研的结果对各阶段任务进行安排,每一阶段都有所侧重、有所呈现,学生直接决定了学习内容和学习方式,学生的主体地位得到展现。项目中生成的物化成果也有助于增强学生的自信心。

(二) 教师跨学科教学能力得到提升

在项目开发及实施过程中,教师之间相互合作指导,不断产生学科碰撞,跳出单一的学科本位,打破学科壁垒,对学科知识进行重构与整合,共同搭建跨学科背景下新的知识图谱。

(三) 家校沟通途径得以拓宽

项目受到了学生家长的密切关注,经常有家长通过微信群等社交平台分享、交流相关教学活动的进展情况,大大拉近了学校和家长之间的距离。

总的来说,本项目通过无围墙的形式融合学校、家庭、社会三位一体的资源,以土豆作为落脚点,将科学、美术、道法、语文、综合实践学科相融合,在真实情境下深化对知识的理解。学生的跨学科思维得到拓展,其信息提取能力、沟通交流能力、自主探究能力、问题解决能力、自我反思能力均得到提升。

(撰稿者:深圳市坪山区碧岭实验学校　陈建军,王宇菲
深圳市坪山区锦龙小学　吴凤敏)

创意 5-4　英语"话"中国

一　项目背景

中华优秀传统文化中蕴含着中华民族的智慧，英语作为一种传播媒介，是了解外国优秀文化的途径，更是向外输出中华优秀传统文化的通道。《义务教育英语课程标准(2022年版)》强调，英语课程应培育学生的文化意识，加深对中华文化的理解和认同，并坚定文化自信。[①]这一导向为小学英语教学中融入中华传统文化提供了明确的政策支撑。基于此，将中华优秀传统文化融入小学英语教学十分必要。

本项目面向五年级学生，主题来源于深圳市现用的小学英语教材——沪教版五年级下册第十一单元"Chinese Festivals"。春节，作为中国人最为盛大且富含深厚文化内涵的节日，承载着中华民族的情感与记忆。以"春节"为话题，开展基于主题意义探究的跨学科学习，旨在将中华优秀传统文化根植于小学英语课堂，引导和帮助学生传承、发展中华传统文化，增强文化自信。

二　项目目标

(1) 能掌握"春节"的相应词汇和相关表达，用所学英语知识描述春节的各种活动和感受，如家庭团聚、年夜饭、放鞭炮、舞龙舞狮等，提升英语口语表达能力和语言组织能力。

(2) 能通过英语演讲、小组合作学习、制作手抄报、微视频、共同策划春节主题展示、动手制作春节相关的手工艺品等活动，深入了解春节的历史渊源、传统习俗和文化内涵，提升实践能力、团队合作精神，增强对中华优秀传统文化的认同感和自豪感。

(3) 能比较中国的春节与其他国家和文化的节日庆祝方式的异同，增进对文化多

[①] 中华人民共和国教育部. 义务教育英语课程标准(2022年版)[S]. 北京：北京师范大学出版社，2022：5.

样性的理解和尊重。

> **三 项目内容**

在全球化大趋势下,我们更需要用英语向世界传播中国文化,这是在当今多元文化背景下对英语教学的使命要求,对传承中华优秀传统文化有着深远的意义。作为小学英语教学工作者,我们更应该深刻理解其内涵并落实到具体行动中。

中国传统节日中的春节是学生十分熟悉的节日,如何加深学生对春节的理解?如何帮助学生将富有丰富内涵的春节文化向全世界弘扬?设立哪些学习任务?基于对这些问题的思考,本项目实施共包含三大板块。(如下图5-4-1)

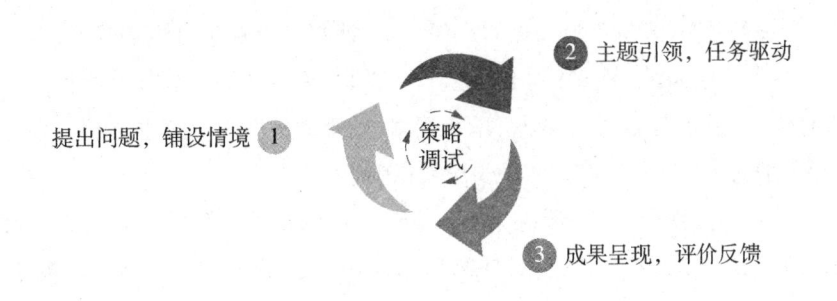

图5-4-1 "英语'话'中国"项目板块结构图

板块一:提出问题,铺设情境。春节,作为中国最重要的传统节日,承载着深厚的文化底蕴,有着丰富的民间习俗。这一板块的主旨在于通过提出与春节相关的问题,并创设生动的春节情境,激发学生对春节文化的兴趣,同时培养他们用英语表达中国传统节日的能力。通过问题引导,学生将主动探究春节的历史、习俗、意义等内容,从而更深入地理解这一传统节日的文化内涵。

本项目提出的大问题为"春节习俗知多少?""如何将富有丰富内涵的春节文化向全世界弘扬?"在铺设的情境中,学生将有机会模拟春节的实际场景,如家庭聚餐、拜年、放鞭炮等,以提升他们的语言实际运用能力和跨文化交际能力。

板块二:主题引领,任务驱动。这一板块的设计主旨在于引导学生从多个学科角度深入理解和体验春节的文化内涵。通过任务驱动的方式,将英语语言学习与社会科学、历史、艺术等多学科内容相结合,引导学生深入探究与主题相关的各个方面,如春节的历史渊源、民俗习惯、艺术表现等,实现知识的跨学科整合。

本项目以"感知中华传统优秀文化的博大精深,让学生认识到自己不仅是优秀中华文化的学习者、传承者、践行者,也是中华文化面向世界的讲述者、传播者"的主题大观念为引领,确立了以下单元大、小任务及分课时主题。

本课程单元大任务采用英语主题演讲、春节手抄报制作、春节微视频等方式向外国友人介绍春节,进而掌握相应的中华传统文化表达方式,学会向外国友人传递中华传统文化。

课程设计的单元小任务可分为以下几个方面:(1)知识任务:综合运用多个学科的知识与技能了解各传统节日,包括中华传统节日有哪些,这些节日有哪些内涵。能力任务:通过英语演讲、小组合作学习、制作手抄报、录制微视频等方式提升分析问题和解决问题的能力。(2)情感任务:通过对我国传统民族节日的了解,用"英语话中国"的方式,提升热爱祖国、尊重传统文化的意识。(3)课程总结及学习成果展示:学生能进行3分钟主题英语演讲、展示中国传统节日手抄报、展示中国传统节日微视频。在操作实践过程中,强调学生"主动参与、乐于探索、勤于动手",倡导自主、探究、合作地学习,引导学生动手、动口、动脑,在"做中学""用中学"。

分课时主题分别为:第一课时为 The story of Nian(年兽的传说);第二课时为 The Spring Festival(春节);第三课时为 Prepare for the Spring Festival(准备春节)。

板块三:成果呈现,评价反馈。学习成果的呈现是检验学习效果的重要环节。在这一板块,我们鼓励学生以多种形式展示他们对春节的理解和英语的运用能力。同时,在整个项目实施过程中,我们采用多元化的评价方式,包括教师评价、同学互评和学生自评等方式。评价内容涵盖学生在英语学习过程中的参与度、合作能力、创新思维以及英语表达的准确性和流畅性等,不断提升学生的英语应用能力和跨文化交流技巧,同时加深学生对传统文化节日的理解与热爱。

本项目以小组为单位展示成果。形式可以多样,例如:展示自己做的饺子,表演写春联,关于传统节日的手抄小报,绘画等。

在活动开展过程中,三大板块层层递进,根据项目效果及伴随的评价反馈,不断进行策略调试,以达到调整及优化项目的目的。

四 实施过程

本案例的实施过程按照分课时任务进行,围绕项目主题:Chinese traditional

festivals 中国传统节日,在分课时目标的指引下逐步实施。

(一) 了解春节传统故事

实施目标为:了解年兽的来龙去脉,激发学生的学习兴趣,让学生知道春节蕴藏的文化故事,提升民族自豪感。(1)明确探究问题与任务。围绕"什么是年兽?""年兽与中国的春节有什么联系?""如何用英语讲好年兽的传说?"三个问题展开。(2)明晰探究策略与方法。首先,成立学习小组,合理分工。其次,分组查阅资料,进行资料搜集整理。包括:第一,词汇储备。查阅有关中国传统节日的单词、短语等。第二,背景激活。查阅有关年兽的背景知识,可以通过中文材料加以辅助理解英文。最后小组内探究交流呈现方式、进行成果展示。(3)清晰课堂流程与步骤。课堂步骤遵循语言学习的规律,分成五大步骤:第一步,组织教学与复习。通过问题"年的含义"引出本课主题,并引导学生思考。教师通过问题激发学生想象并参与讨论"年"。第二步,新知呈现与归纳。分步骤学习英文版《The story of Nian 年兽的传说》,逐渐深入,并逐步渗透关于年兽传说的来历及有关知识。第三步,新知巩固与活用。学生通过中英文故事合作演讲、互动性表演等实践任务加深对课文的理解,并进行输出。第四步,知识延伸与拓展。让学生改编故事,从更深层意义上去理解年兽的传说。如:让学生从以下情境去改编故事,并在小组合作及老师指导下完成英文故事的写作。改编的情境如下:年兽在海里,他很孤单,他很想一个朋友,年兽承诺再也不吃人了。这时,有一个勇敢的孩子想与年兽交朋友。第五步,课堂归纳与总结。利用单词卡片、奖励卡片、简笔画、影像等跨学科整合的资源帮助学生进行知识的归纳与总结。

(二) 深化春节习俗

实施目标为创设真实情境,让学生了解并能以春节为话题谈论春节的各种习俗,感受作为中华民族的最重要的传统节日带来的欢乐与自豪,培养学生热爱传统文化、传承传统文化之自觉。(1)明确探究问题与任务。任务1是了解春节的来历、习俗、活动等。任务2是分组探究及展示。(2)明晰探究策略与方法。设置分组,建议有传说故事组、华服美食组、庆祝活动组、诗词歌赋组。并确立展示方法为以小组为单位的探究展示。(3)清晰课堂流程与步骤。

"英语'话'中国"项目课堂步骤严格遵循语言学习的科学规律,精心划分为五大核心环节:(1)组织教学与复习。学生复习年兽的传说故事。利用信息技术,让学生欣赏视频,了解和感受春节的习俗和文化。(2)新知呈现与归纳。分成四大小组:传说故事组、华服美食组、庆祝活动组、诗词歌赋组,在老师的指导帮助下小组合作探究完成关于春节来历、习俗、活动等的学习理解活动。(3)新知巩固与活用。小组合作展示探究成果。(4)知识延伸与拓展。

小组合作完成春节与西方圣诞节的对比,感知文化差异。加深对中国传统文化的认同感与自豪感。探究内容如下表5-4-1所示。

表5-4-1 春节与圣诞节文化要素对比表格

	Spring Festival(春节)	Christmas(圣诞节)
Time(时间)		
Food(饮食)		
Activities(习俗活动)		

通过从时间(Time)、Food(饮食)、Activities(习俗活动)三大方面让学生对Spring Festival(春节)及Christmas(圣诞节)进行文化要素的对比,提升学生的眼界和格局,深入了解中西文化的差异,深刻体验传统佳节的意蕴,加深他们对中华传统文化内涵的理解,也拓宽其国际视野。

(5)课堂归纳与总结。观看视频短片"中国年让世界相连",帮助学生进一步加深对中国春节传统文化的理解与认同。

(三)春节实践准备

实施目标为以话题为实践导向,鼓励学生回忆及动手实践过春节需要做的准备,学习中华民族的勤劳品质。(1)明确探究问题与任务。任务1:思考过春节要做哪些准备。任务2:选择春节元素完成作品,如:对联、窗花、食物等,并能用英语做介绍。(2)明晰探究策略与方法。分美食制作组、对联创作组、窗花剪纸组,以小组为单位探究展示。(3)清晰课堂流程与步骤。

"英语'话'中国"课堂步骤遵循语言学习的规律,分成以下五大步骤:(1)组织教学与复习。以小组汇报的形式,完成"过春节要做哪些准备?"的思维碰撞,开阔学生的思路。(2)新知呈现与归纳。分成三大组,美食制作组、对联创作组、窗花剪纸组,在老师的指导帮助下动手完成小组任务。(3)新知巩固与活用。小组合作展示探究成果。(4)知识延伸与拓展。整合本课时的成果,完成向外国友人介绍的任务。(5)跨学科融合增值。开设"春节诗歌中英对对碰"的趣味活动,与学生分享关于春节的古诗词与英文译文,通过开展语文学科的古诗词鉴赏以及感知古诗词与英文译文的不同之处,让学生更加深刻地感受中国传统文字的奥妙及无限魅力,增强文化自信。

(四) 项目评价伴随

回顾前期活动,引入交流评价。对本小组自开展本课题以来的做法和感想进行总结,并对整个活动的过程进行评价。在教学实施时,采取多元化评价,促进学习成果的积累与获得。如在本案例操作中,就采取了从情感态度、学习策略、语言运用及作品呈现等多个角度评价学生的学习表现形式,而且强调了评价主体的多元,包括个人自评、组内互评及教师点评。(如下表 5-4-2)

表 5-4-2 "英语'话'中国"项目评价要点

评价项目	评价内容	个人自评	组内互评	教师点评
情感态度	我能认真参与课程学习			
	我能与组员相互合作			
学习策略	我能用学习软件听录音,预习新知识			
	我能熟练运用信息技术上传与下载文件,与同伴们分享。查找与课程主题相关的内容			
	我能运用网络搜索资料,查找与获取与课程主题相关的内容			
语言运用	我能使用英语进行关于春节的英文演讲、戏剧表演等			
	我能对比中英文语言文字的特点和运用规律,感受不同语言文字的内涵			
	我能理解、欣赏、评价语言文字及作品,感受语言文字的魅力,发现语言文字的美			
作品呈现	我的作品精美,富有创造力、感染力			
	我能自信地宣传中华传统节日文化			

(五) 成果呈现

以小组为单位展示成果。形式可以多样,例如:展示自己做的饺子,表演写春联,展示关于传统节日的手抄小报,画的图画等。展示成果时,本小组的同学可以补充,其他小组的同学可以提问。

评选出优秀活动小组。出示以下评价标准:内容丰富 20 分。能展示节日特点 30 分。团结协作 20 分。展示的形式新颖、多样 30 分。学生打分、互评,评出优胜组。

五 项目成效

本案例在实施过程中,有效地将语文、美术、信息技术等学科知识与技能融合进了英语学习中,学生在学习过程中不仅拓展知识面,自主学习与合作学习的能力也得到了提升。同时,通过对中国传统节日的探究及对中外文化的对比,学生对中国传统文化有了更加深刻的认识,且有以下成效。

1. 学生的学习能力得到了提升

学生通过本案例的学习,积极地参与到小组讨论、分工、合作探究中去。在同一个目标的指向下,学生懂得了如何发挥小组内不同成员的不同优势进行分工,懂得了如何沟通才能实现信息的互通,懂得了如何获得信息,将不同的信息汇总并加工,最终完成作品展示。在这一过程中,学生的自主学习能力和合作探究能力都得到了提升。

2. 学生的学习兴趣得到了激励

在本案例的学习过程中,学生不仅学习了英语知识,还融合了信息技术知识去搜索了解相关的知识,融合了美术知识去制作与传统节日相关的手工,融合了语文知识去对比中外文化的差异,等等。多种学科知识的融合与碰撞使学习不再枯燥与单调,反而变得多彩化、趣味化。学生在学习的过程中始终保持着学习的热情,学习的效果也远比常规学习更好。

3. 学生的文化意识得到了强化

通过对中外文化的对比,学生了解了中国文化与外国文化的差异,对中国的传统文化有了更加深刻的认识,树立了对中国传统文化的自信心,也强化了民族自豪感,使他们能够自信大方地运用英语向世界传播中国的优秀文化。

(撰稿者:深圳市坪山区坑梓中心小学 吴耿霞,杜培,吴婷苑)

创意 5-5 绘"影"和平校园

一 项目背景

我校几个学生在假期观看了皮影戏《西游记》现场表演后,对这一非物质文化遗产产生了浓厚兴趣。2021年,教育部发布《防范中小学生欺凌专项治理行动工作方案》①,为响应文件号召,营造和谐的校园环境,普及校园暴力的危害,学校举办了"反对校园欺凌"主题知识问答活动,活动过程中几位同学发现大多数人只是机械地记忆了一些知识点,对校园暴力的危害及正确应对的方法了解甚少。以前反对校园暴力的宣传多采用主题班会或海报等方式,于是他们开始思考能否采用一种更有趣的方式——比如皮影戏来宣传校园暴力的相关知识。有了初步的设想后,同学们开始思考:一部皮影戏的制作需要用到什么?表演什么故事?怎样通过皮影戏达到反对校园暴力的主题宣传效果呢?带着这些问题,学生们决定开始展开本次探究行动。

此次跨学科探究项目参与对象为四、五年级学生,历时1年。本次探究旨在感受我国优秀传统文化魅力和内涵的同时,以利用皮影戏进行反对校园暴力的宣传这一实际问题为导向,尝试对传统民间工艺进行改良创新。以团队合作的形式,完整地经历发现问题、解决问题、形成成果、展示交流、反思改进等各阶段,在探究过程中逐渐形成大学科观念和创新思维的方法,同时提高个人多学科知识与技能、综合实践应用能力、迁移创新能力、合作沟通等各方面能力。

二 项目目标

(1) 深入了解校园欺凌现象及其危害,围绕校园暴力这一主题进行实践探究,树

---

① 教育部办公厅. 教育部办公厅关于印发《防范中小学生欺凌专项治理行动工作方案》的通知[EB/OL]. (2021-01-20)[2024-03-07]https://www.gov.cn/zhengce/zhengceku/2021-01/27/content_5583068.htm.

立正确的价值观,增强法律意识和法治观念。

（2）拓展思维进行集体式主题剧本创作,提高文字写作能力,加强对传统文化的理解与传承。

（3）使用新型材料创作皮影人物和二次完善舞台,强化创新意识和创新能力。

（4）通过录制动画影片和后期制作,锻炼动手实践能力,在综合应用各学科知识的过程中感知和理解艺术作品形象,传达深层次的文化内涵。

三 项目内容

本次跨学科活动案例共有五大板块:板块一为任务驱动,确定目标;板块二为思考创新,探索制作;板块三为自主练习,实践彩排;板块四为分段展示,扩大推广;板块五为评价反思,交流总结。(如下图5-5-1)

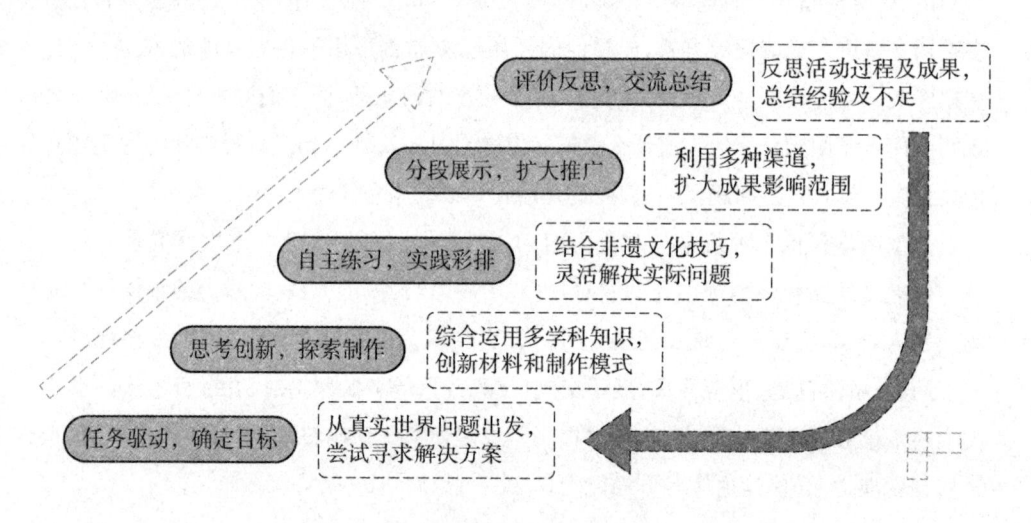

图5-5-1 "绘'影'和平校园"项目板块图

上图中,板块一是任务驱动,确定目标。本次研究的主题与实际生活紧密相关,学生需要探究传统文化如何与现实问题相连接,根据自身兴趣和能力在团队中分担不同的职责,通过调研、实验、数据收集等方式获取信息。

板块二是创新思考,探索制作。通过创新改良传统工艺,在解决如何制作皮影人物及舞台等实际问题的过程中,学生能够发现不同学科之间的联系,进而提高学习效果和综合思维能力。

板块三是自主练习,实践彩排。在彩排过程中,要模仿和理解角色,通过演技和语言表达出角色的思想和情感,创造出生动的表演形象。还需进行配音和配乐的练习,通过语音和音乐的结合,使整个剧目更加生动有趣。

板块四是分段展示,扩大推广。探索多维度的展示方式,利用校内资源拍摄皮影戏动画短片,扩大宣传范围,加强宣传效果。

板块五是评价反思,交流总结。通过多种评价方式对本次探究活动的成果和不足之处进行发掘,并汲取经验教训。

四 实施过程

本次活动以探索创新反对校园暴力的宣传形式为中心,通过一系列活动和过程,学生经历了创作过程中的思考、策划和实施,不断尝试新的艺术形式和表达方式,锤炼了自己的艺术感觉和表现能力。他们学会了如何运用皮影戏这一古老的传统艺术形式来探讨校园暴力问题,通过自己的创意和想象力,展现了对这一社会问题的思考和关注。

(一) 调查研究,确定目标

传统皮影戏的表演内容大多来源于古代的小说和故事,或者以童话为主题,和本次的主题并不符合,学生需要深入了解校园暴力的现象和影响,通过研究相关报道和资料来获取必要的信息,然后根据传统皮影戏的形式和特点,创作出一个充满教育意义的剧本,以此来呼吁大家关注和反对校园暴力问题。此阶段的目标是明确团队任务,完成主题式剧本创作。

(1) 在指导老师的帮助下,根据每个人的兴趣特长进行任务分工,具体安排为:组长(1名)负责统筹安排整体流程和进度,撰写剧本、研究报告等文字工作;资料整理组(1名)负责从网上查阅收集皮影戏特点资料和相关的图片素材,协助组长在后期对所有文字资料进行整理;绘图设计组(3名)负责根据剧本内容,进行人物形象和背景的创作。其中小组所有成员均参与皮影道具的制作和表演工作。

(2) 尝试以校园内发生的故事作为创作素材,在脚本中加入我国四大名著之一——《西游记》中的人物形象,利用"唐僧"和"孙悟空"之间的互动来增强剧本的故事性,让剧本内容可以在反对校园暴力这一教育意义的基础上,增添一些趣味感的桥段来吸引观众的兴趣。经过数次修改,围绕唐僧、孙悟空和三位小学生之间展开的故事——剧本《和平校园》最终完成。

(二) 创新思考,探索制作

此阶段主要进行道具及舞台的制作,包括人物设计和寻找新型材料的过程,通过选择合适的造型和细节塑造角色,以增强表演效果和观赏性。具体过程如下。

1. 人物设计

由于需要贴合剧本要求进行人物形象设计,同时又要表现出不同人物之间性格的差别,负责绘制的学生发现完全参考传统皮影形象设计出的人物形象不太贴合小学生的实际生活,但可以在传统形象中加入流行漫画元素,参考中国传统纹样进行相关纹样装饰,然后利用色彩来区分性别,用发型来表现不一样的人物性格。(如下图5-5-2)

图5-5-2 传统皮影人物形象和《和平校园》设计图稿

2. 寻找新型材料

传统的皮影道具原材料均来源于动物,此种材料对于处于小学阶段的学生来说不易获得且制作工序复杂,于是学生们开始寻找更加简易的材料进行替代。他们先后尝试了刮刮纸和彩色卡纸,这类材料获取方便、制作步骤简易,但成品道具透光性差,无法达到皮影表演的效果,且在制作过程中容易损毁,不易保存。在研究传统皮影制作视频后,他们发现制作原材料需要满足易上色、透光性佳、有一定的硬度以及易保存等特性,学生从包书皮的塑料薄膜上找到灵感,最后选择塑料制的硬薄片作为原材料进行制作。

3. 人物道具制作

传统皮影制作需要选片、制皮等八道工序,学生们利用硬塑料薄片的特性,将过程简化为:转绘、裁剪、组合三道工序。制作过程中,皮影人物道具关节处的串联是一大难点,学生在参考传统皮影人物道具、分析并分解人物道具结构后,使用透明鱼线对人物各部位进行串联,最后加上操纵杆。(如下图5-5-3)

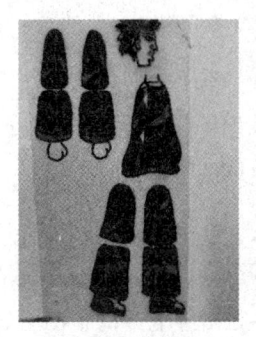

图5-5-3 人物组装完成后效果

4. 舞台制作

皮影戏的舞台需要用到木板、能够透光的幕布以及射灯,这类材料没有办法自制。所以学生在网上购买简易的纯白色皮影戏舞台,根据剧本需要,对白色的舞台幕布进行再加工,画上更加合适的背景来增加舞台的丰富度。

(三) 实践彩排,深入练习

想要皮影人物动起来只能靠三根操作杆来完成,在操作过程中只能手动操控皮影人物头部和手部,而腿部动作就需要依靠惯性摆动来完成。为了让每个演员都能深入理解和把握自己所扮演的角色,更好地表现出角色的特点和情感,学生们需要根据剧本内容进行表演前的彩排。每个人在演绎的过程中必须表现出不同人物之间的个性差异,大家根据自己扮演的角色和台词,分别设计了不同动作并进行练习。

排练过程中,学生发现如果一边念台词一边控制道具人物,会不同程度地出现忘词或做错动作等情况,十分影响表演效果。为了保证演出时声音部分能够准确地配合表演和动作,以便在实际演出时更加流利和自然,大家决定用"前期录音+现场表演"的方式进行表演。组长利用老师的电脑来操作软件,进行台词的录音工作,其他人根据场景的不同分批进行录制,旁白的部分由指导老师帮忙完成,最后将所有录音合在一起,完成最后的剪接。

(四) 分段展示,扩大推广

1. 初次试演

一切准备就绪后,大家决定在校门口进行演出。这次演出吸引了不少学生和家长,他们上前来询问皮影剧本创作、制作过程等问题,大家都耐心地一一做了解答,讲述了皮影的历史以及和皮影有关的制作知识,也不忘向现场的学生和家长们宣传应对校园暴力的方式方法,呼吁大家正确应对校园霸凌。演出结束后,大家也对本次演出的情况进行了总结,对现场的灯光和声音效果进行了改良。

2. 录制影片

现场表演的观看人数有限,宣传效果和范围也不能达到理想效果。如果能将表演内容永久保存下来,就可以扩大宣传范围。在指导老师的帮助下,大家决定将《和平校园》录制成一部动画电影,并邀请学校信息老师来为大家进行视频的录制工作。

3. 校内巡回展演

为了让更多的同学了解校园暴力的危害,也能让他们懂得应该怎样去应对校园暴力的事件,小组成员采用"定期演出＋现场推广展示"两种宣传模式。首先利用每周的班会课时间,到班级里面给大家表演《和平校园》,并和现场的老师和同学们针对校园暴力进行讨论和交流,让大家对正确应对校园暴力有了更深刻的认识。小组成员还利用放学时间在学校大屏幕下面摆起了皮影戏的宣传台,同学们在活动现场,除了可以在大屏幕上观看《和平校园》皮影动画,也可以和小组成员交流如何制作皮影道具、如何操控皮影人物进行表演等内容。

(五) 分析评价,反思总结

本次小课题项目成果荣获 2021 年深圳市中小学生研究性学习成果展评一等奖及坪山区中小学生研究性学习成果展评一等奖。在参加完一系列展评活动后,小组成员们也分析了此次探究活动的创新与不足之处,通过现场讨论和填写评价量表等形式,用自评与互评的方式进行分析总结,评价内容分为过程和结果评价两个部分,通过评价强化了学生对团队合作学习的理解,让学生学会在学习过程中随时了解自身,改善自我学习状态和习惯。

五　项目成效

在本次探究活动中,学生团队以抵制校园暴力主题为基点,以民间传统工艺——皮影戏为载体,创新改良传统皮影材料,采用透明塑料薄片进行制作,简化制作工艺,采用多种宣传方式,深刻理解了校园暴力的危害,学会了正确应对校园暴力的方式。

(1) 皮影戏《和平校园》选择以抵制校园暴力为创作主题,更贴近小学生的生活,让他们学会如何保护自己和他人,传递出了积极的正能量。这个故事不仅让小学生们明白了抵制校园暴力的重要性,而且还教育他们学会与人分享、互帮互助。除了现场表演,团队还摸索拍摄了皮影动画片,通过在学校大屏幕和班级内播放扩大了宣传范围,让更多学生了解了校园暴力的危害和应对方法。

(2) 相较于传统的以动物皮为原材料的制作方法,本次探究创新选择使用塑料片进行皮影制作,简化了传统皮影的制作工序,降低了制作的困难。原材料的易获得和制作过程的简化使得皮影戏更加亲民化,能够吸引更多的人参与其中,让传统民间艺术得到更广泛的传承和发展。

(3) 皮影戏《和平校园》在创作主题上非常贴近小学生的生活,它既教育了他们如何保护自己和他人,同时又与中国传统文化相结合,让小学生们能够近距离感受到中国传统文化的魅力,对传统文化有了更深入的了解。在观看皮影戏的过程中,能够通过感受和思考,更好地理解如何在和平校园中成长,让本次皮影戏更具有教育意义,增加了观众的参与感和学习乐趣。

总的来说,跨学科探究活动增进了学生对皮影文化的了解,意识到了创新对于传统文化的发展和传承的重要性;团队成员之间通过合作学习,发挥了各自的特长,体会到了团结合作的重要性;在探索过程中,学生运用到了不同学科的知识和技能,提升了实践动手能力和综合思考能力。

(撰稿者:深圳市坪山区坪山实验学校　孟茜茜)

第六章

评价创意:跨学科学习是表现性学习

跨学科学习将学生的真实表现作为评价内容,表现性学习是跨学科学习的基本特征。通过记录、检测学生在跨学科学习中的实践表现,评估课程目标实现情况,发挥评价的导向作用。表现性评价服务于课程目标和跨学科素养培育,重点评估学生的学科核心知识的综合学习与运用情况,考量学生运用跨学科素养解决真实问题的能力,发挥跨学科学习的独特魅力和价值。

有学者认为,"表现性评价被理解为让学生去完成一个产品或表现,它是对学生完成产品或表现的过程与结果进行的评价。它与跨学科主题学习内在属性相契合,有助于监测学生高阶素养的获得。"[1]跨学科融合课程评价仅以教师布置的任务是否达成、课程环节完成进度作为评判标准是不够的,要坚持过程性评价和结果性评价相结合,同时需要详细设计任务要求,记录学生表现的过程。既要设计导向性的实践表现,也需配有针对性的评价细则,发挥评价与课程目标的相互作用。

"跨学科主题学习评价的难题在于素养本身的复杂性、个体性、在地性等,内在的素养只有通过过程中各认知与非认知成分的相互作用才能展现出来,这表明素养很难通过简单的纸笔测验来评价"[2]。由此可见,表现性评价与跨学科学习相适切,是以解决真实问题为目标指向,与传统的纸笔测验有本质不同,既是跨学科融合课程效果的呈现,也是考量学生素养形成情况的重要体现。实际上,它兴起于20世纪90年代的美国,大部分定义都强调评价的真实情境和真实的表现性任务。

教育部基础教育司、师范教育司编写的《新课程与学生评价改革》中这样定义表现性评价:"教师让学生在真实或模拟的生活情境中,运用先前所获得的知识解决某个新问题或创造出某种产品,以考查学生知识与技能的掌握程度以及实践、交流合作、问题解决和批判性思考等多种高级思维能力的发展水平。"

综上所述,我们认为跨学科融合课程是表现性学习:通过观察、记录学生在课程实施中解决实际任务的能力表现,对学生跨学科素养的获得和运用情况开展评价活动,也是考量学生在学习活动中表现出来的参与意识、合作精神、探究能力、分析思路、知识技能等方面的掌握水平。它既是一项评价,又是学生真实表现的考评。表现性评价以学生核心素养培育为导向,评价要落实在跨学科课程的全过程。课程实施的每一环

---

[1] 刘登珲,牛文琪.跨学科主题学习的迷思与澄清[J].课程与教学,2023(22):75—84.
[2] 崔允漷,张紫红,郭洪瑞.溯源与解读:学科实践即学习方式变革的新方向[J].教育研究,2021,42(12):55—63.

节都需要设计、监测、评估学生的实践表现和素养获得情况,配有清晰的评价细则和要求。表现性评价以过程性和结果性评价为基础,包括:评价目标、评价任务、评价标准、评价总结等部分组成。

一是评价目标,这是表现性学习的基础。"评价目标是学业评价标准的'导航系统',规定评价活动预期实现的目的和达到的要求,体现国家教育方针政策和课程目标,引导学生学业评价的方向。"①评价目标服务于课程目标的实现,跨学科学习与评价目标具有一致性,指向期望学生通过跨学科学习,达成什么样的素养表现和实践能力。

二是评价任务,这是表现性学习的证据。采用过程性评价为主,任务设计包括各课程实施中学生需要动脑、动手参与的内容。根据不同的分类方式可以将证据分为多种类型,如学科核心素养掌握证据、跨学科解决问题能力证据以及学生学习习惯养成证据;评价主体是评价任务实施者,以自我评价、生生评价、师生评价、小组评价为主,多元主体综合评定,保证评价过程公平、公正、公开;评价记录是对评价任务的实时跟踪和留痕,确保评价过程有据可依,可以通过评价主体来完成。

三是评价标准,这是表现性学习的核心。评价维度是评价标准的具体体现,通过设计评价要求和规则,实行定量反馈。它以学生跨学科知识和素养的掌握为基础,设计重点在于:课程学科素养、学习态度、团队合作、自主探究、沟通交流、任务完成、组织纪律、批判思考、总结反思,等等。内容标准是要求学生做什么,表现标准是学生做到什么程度。标准具有横向和纵向之分,横向是选取核心的几个目标维度,逐步细化;纵向是通过知识结构、学科素养、理解迁移、综合运用、问题解决等部分逐步深入,达到高阶。标准的每个维度可有多个子项目,每个子项目有多个指标,每个指标可进行分级,再对每级进行具体阐述。

四是评价总结,这是表现性学习的灵魂。评价总结以等级评定为准,采用结果性评价为主,利用评价等级进行定性提升。可以根据表现成果划分结果类型,搜集材料、前置作业、反思心得等;交流对话、辩论分析、即兴表达;思维导图、PPT 汇报、模型制作、绘本、手抄报等作品。通过对任务或作品完成情况进行评价,重点将收集到的证据信息与目标要求进行比较,找出存在的差距;同时对比学生前后的表现,考查学生的素养形成情况。总结可通过颁奖仪式和表彰大会的形式开展,提升学生参与课堂的兴

---

① 周文叶.中小学表现性评价的理论与技术[M].上海:华东师范大学出版社,2014:53—58.

趣,增加总结反馈的趣味性。每种总结类型都要以表扬激励为主,也要注意引导学生了解自己的不足之处,反思未来如何调整和修改。注意发挥评价总结对学生跨学科素养解决问题的有效性评估的作用,以及对跨学科课程实施效果和目标完成进行综合评定。

总之,跨学科学习实施过程也是对学生的表现进行评价的过程,表现性学习情况是对学生跨学科素养掌握和运用能力的评估依据,需要设计全过程的评价细则,根据课程开展实际灵活调整评价内容,服务于课程整体目标。

(撰稿者:深圳市坪山区锦龙小学　于丽)

创意 6-1　珊瑚保育行动

一　项目背景

珊瑚礁具有重要的生态价值,珊瑚礁生态系统是海洋中生物种类最多、生物量最丰富的生态系统,海洋中大量的生物都依靠珊瑚礁来生活,是维系海洋生态的基石。深圳位于全球珊瑚礁大三角的北缘地带,分布着许多属于国家重点保护动物的珊瑚品种。但由于近年来海水升温、酸化、人为采挖和破坏性的捕鱼方式(如炸鱼、拖网等)等原因,珊瑚礁受到了严重的破坏,面临着白化、功能退化、荒漠化,甚至是灭绝的生存危机。深圳市政府对珊瑚礁的保护十分重视,诸多学校也主动加入海洋保护行列。在此背景下,我校开发了深圳市好课程——海洋课程,建立了校园珊瑚保育站,为开展珊瑚研究搭建平台。学校获评广东省海洋意识教育基地、中国珊瑚保护联盟成员单位。

本探究属于长周期项目,立足深圳本土和校园资源,以珊瑚保护为切入点,激发学生保护海洋及海洋生物的意识,同时引导学生思考:作为一名中学生,可以为珊瑚保护做哪些事情呢?学生在掌握了珊瑚基础知识和人工养殖技术之后,运用已有生物、地理、化学、物理等学科知识,设计多项珊瑚类探究实验以提高科学探究、实践创新能力以及沟通合作能力。

二　项目目标

(1) 了解珊瑚现状,掌握珊瑚保育基本方法。
(2) 概述生态系统的组成,构建珊瑚生态缸,提升环保和社会责任意识。
(3) 通过开展探究性实验,提升科学探究、合作交流能力。

三　项目内容

项目分为三大板块,分别是走近珊瑚、探究珊瑚、保育珊瑚。(如下图 6-1-1)

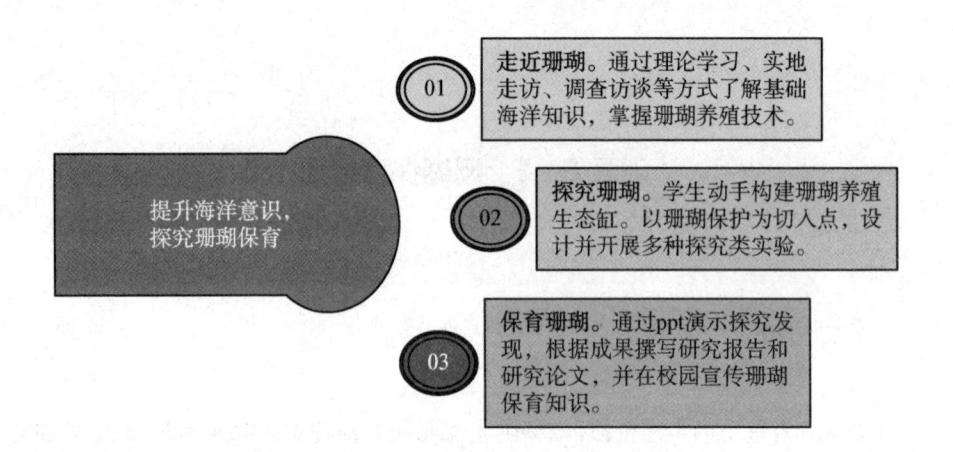

```
┌─────────────┐         ①  走近珊瑚。通过理论学习、实地
│             │             走访、调查访谈等方式了解基础
│             │             海洋知识，掌握珊瑚养殖技术。
│ 提升海洋意识，│
│ 探究珊瑚保育 │─────── ②  探究珊瑚。学生动手构建珊瑚养殖
│             │             生态缸。以珊瑚保护为切入点，
│             │             设计并开展多种探究类实验。
│             │
└─────────────┘         ③  保育珊瑚。通过ppt演示探究发
                            现，根据成果撰写研究报告和
                            研究论文，并在校园宣传珊瑚
                            保育知识。
```

图6-1-1 "珊瑚保育行动"项目结构图

上图中，板块一是走近珊瑚。学生通过理论与实践相结合的方式，例如小组合作、展示汇报、专家访谈、实地参观等方式了解海洋现状及有关珊瑚的基本知识。

板块二是探究珊瑚。基于板块一所学知识，学生结合初中生物知识，动手制作珊瑚养殖生态缸来养殖珊瑚，进而开展珊瑚保护类探究实验。

板块三是保育珊瑚。通过校园宣传栏、撰写论文及研究报告等方式展示探究成果，宣传珊瑚保育知识。

四 实施过程

（一）认识珊瑚，方法指导

本阶段主要学习海洋基本知识、珊瑚的结构形态特征、物种分类及其价值与现状，以及综合实践研究的基本方法等知识。指导老师提出本节课需要解决的知识问题，学生以小组为单位，通过自主查阅相关资料、观看视频、展示汇报以及师生点评讲解相结合等方式进行，并邀请专家进入校园进行珊瑚科普教育。

（二）参访基地，学习技术

2020年5月16日，为了帮助学生获取感兴趣的有关珊瑚养殖条件、保育技术和最新研究手段等，教师带领学生参观了国际生物谷海洋生物产业园、中国水产科学院南海水产研究院试验基地，访谈珊瑚保育员。

(三) 实验制作,保育装置

通过查阅文献和实地调查,学生了解到适宜珊瑚生长的条件,掌握了一定的珊瑚人工养殖的知识。水温:25℃～30℃;盐度:30‰—35‰;pH 值:7.9—8.2;营养盐:小于 0.1。在确保安全的前提下,带领学生组装珊瑚生态缸(36 cm * 36 cm),例如配制海水,安装照明系统、循环系统、过滤系统等。学生分小组认领自己的珊瑚生态缸,并做好日常的养护、观测工作,定期拍照并在实验记录本上做好相关的记录。

学生熟练掌握了珊瑚人工养殖技术之后,引导他们结合所学知识,以珊瑚保护为切入点,设计并开展多种探究类实验,为珊瑚保育积累实践经验的同时提升学生的探究能力。教学形式以指导老师提出本节课需要解决的知识问题,学生以小组为单位,自主查阅相关资料、观看视频、展示汇报以及师生点评讲解相结合的方式进行。

1. 探究 1:探究电沉积技术对珊瑚钙化的影响

根据弱电能促进生物生长的原理,珊瑚小分队分配到珊瑚生态缸后,自行研配一套以石墨板为电极材料的电极装置,开展设计和实验。珊瑚小分队设置 9 个微缸,每个缸均放入 3 株扁脑珊瑚、3 颗钙藻、3 颗马蹄螺。从 1 到 9 进行编号,分成 3 组,每组 3 个微缸。第一组作为对照,第二组给以 10 mA 的电流,第三组给以 20 mA 的电流,连续处理了 60 天。实验期间每天监测记录各缸水质,并记录各株珊瑚第 0、30 和 60 天的质量。每天观察实验现象,探究电沉积技术对珊瑚钙化的影响。

2. 探究 2:小丑鱼繁殖行为的初步研究

小丑鱼和珊瑚是休戚与共的共生关系,小丑鱼体色艳丽,是非常受欢迎的一种海水观赏鱼。深圳海岸线及海洋资源丰富,但没有相关海水观赏鱼繁育基地,深圳水族市场小丑鱼全部从其他省市或者国外引进,且国内小丑鱼品质参差不齐,国外高品质鱼种价格奇高。小丑鱼小分队同学以 3 组不同小丑鱼亲本为研究对象,使用摄像头监控小丑鱼,观察小丑鱼的繁殖规律,期望选出优质亲本并提高其繁殖率。

(四) 成果展示,评比交流

除了给学生探索自己感兴趣领域的机会,还需要给予他们一个自我展示的舞台。组织学生在成果展示课上通过 PPT 汇报研究成果,采用组内评、组间互评和教师评三者结合的评价方式,指导学生撰写研究报告和研究论文。学生通过向同学解说和绘制宣传展板等方式分享成果,宣传珊瑚保育知识。

有效的评价量表对促进实验教学来说尤为重要。本项目主要采用评价量表进行评价,细化指标内容,从实验探究设计、操作技能、总结展示、报告书写、语言表达能力和团队合作能力等维度设计。(如下表6-1-1)

表6-1-1 "珊瑚保育行动"评价量表

评价内容	评价要点	自主评价	小组评价	教师评价
实验探究设计 (20分)	1. 探究内容围绕主题,设计科学严谨,思路清晰。 2. 实验设计具有可操作性。			
实验操作技能 (20分)	1. 小组合作分工明确、协同完成实验步骤。 2. 实事求是,如实记录实验现象和实验数据。			
实验总结展示 (20分)	1. 根据实验现象和数据提炼结论。 2. 总结反思实验过程中的优点与需要完善的内容。 3. 呈现方式多样、科学。			
实验报告书写 (15分)	实验报告书写规范、清晰明确。			
语言表达能力 (10分)	1. 小组分享汇报中言简意赅,大方得体,思维清晰。 2. 内容表达准确、流畅、自然。			
团队合作能力 (15分)	1. 积极参与实验,主动提出相关问题与建议。 2. 与他人分工合作,负责任地完成任务。 3. 在探究中有锲而不舍、实事求是的科学精神。			

五 项目成效

本次校园珊瑚培育实践探究活动,充分挖掘校本资源,培养了学生作为新时代公民的责任与担当意识,同时也提升了学生的综合素质。通过珊瑚保育的系列活动,学生认识到人类活动对海洋生态系统的深刻影响,从而意识到环境保护与每个人都休戚相关,进而努力提升自身的责任与担当,树立环保主人翁意识。学生基于跨学科项目学习,亲身经历一个完整的探究过程,在合作探究中,学以致用和用以致学的主动性明显提升,在发现问题、分析问题、解决问题的过程中,思维品质得到发展;在宣传珊瑚保育知识的同时,研究报告、论文及成果展示在省、区、市比赛中荣获佳绩:《一种促进珊瑚生长的新型水电循环装置》获第 36 届广东省科技创新大赛科学论文三等奖,第 36 届深圳市青少年科技创新大赛科学论文一等奖,区中小学生研究性学习优秀成果展一等奖。

(撰稿者:深圳市坪山区中山中学　周小燕)

创意 6-2　客家围屋制作

一　项目背景

客家文化作为深圳最重要的本土文化,给这座城市的发展提供了丰富的精神内涵和发展动力。深圳客家村落 300 余处,其中,十大客家围屋至今保存得相当完整,是青少年了解乡土民俗、传承客家精神的重要课程资源。基于此,课题组成员以设计并制作客家围屋的模型为项目主题,引导学生在做中学,在学中思,在行中创,以加深学生对客家文化的了解,推动对客家文化智慧的传承。

本次围屋制作环节历时 15 课时,通过对客家围屋的发展历程和样式构造的深入学习,同学们不仅可以了解围屋文化的深厚底蕴,还能感受到客家人世代相传的智慧和创造力。

二　学习目标

(1) 通过讨论、研究、设计、制作、重建等环节,参与客家围屋制作的全过程,形成创新意识、工程思维、科学技术应用能力等核心素养。

(2) 了解家乡文化,通过追溯客家文化的演变历程,感受我国劳动人民的智慧和创造,在"趣文化""学文化""知文化"过程中,树立"爱文化"的情感。

三　项目内容

本课题参与学生是初一年级,共 30 人,总用时 20 课时。"客家围屋制作"总共分为 5 个板块。(如下图 6-2-1)

板块一:客家围屋外观设计。如何让客家围屋的外形设计具有可居住性和更好的舒适感? 教师组织同学们参观客家围屋土楼建筑,了解客家围屋渊源及典型建筑特

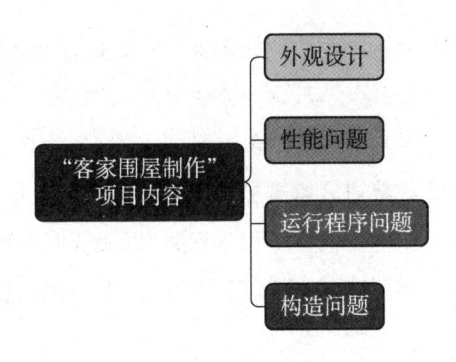

```
                    ┌─ 外观设计
                    │
"客家围屋制作" ──────┼─ 性能问题
   项目内容         │
                    ├─ 运行程序问题
                    │
                    └─ 构造问题
```

图 6-2-1 "客家围屋制作"项目内容

征；了解客家围屋的发展与变迁，思考文化创新发展的途径。教师利用自己的专业优势对客家围屋的土楼建筑特点进行分析，为同学们深入讲解客家围屋的建筑特色。通过查阅资料，因瓦楞纸具有易裁剪、镂空、剥离外皮、弯曲、弯折等优点，同学们最终选择它进行制作。

板块二：客家围屋性能的问题。设计具有何种性能的客家围屋？同学们以"科技点亮文化"作为客家围屋制作的理念，讨论客家围屋功能实现的具体要求：声控、灯光、温度和湿度显示及语音报警功能。

板块三：客家围屋运行程序的问题。如何利用计算机 Mind+软件对编程进行调试？根据之前查阅的资料设计程序，学生查阅说明书设计程序来测试电子元器件的使用，利用计算机 Mind+软件对编程进行调试。

板块四：客家围屋构造的问题。如何拼装电子元器件？学生思考客家围屋的选址、坐向、选材、结构，以及如何加入可实施的智能元件，才能让围屋的可居住性和舒适感更强。本环节，教师对学生进行及时的指导和分析，引导学生科学合理设计围屋各个位置的尺寸。根据各自围屋的造型特点，选择适当的安装方法，在围屋内部开孔，把线路安装到房屋内部，隐藏线路的走线，造型更加美观。

四 实施过程

首先初步确定客家围屋的设计思路；接下来利用 Lasermaker 软件对样品的外观进行设计，通过瓦楞纸折叠制成样品；再利用 Mind+软件安装智能电子元件，通过反复试验改进，从而制造出客家围屋。

第一阶段：教师授课。为了让同学们更深入地了解客家文化，提升学生对客家文化学习的兴趣，作为地道的客家人，教师为学生开展以"客家文化"为主题的课程，为大家讲述客家人的5次大迁徙过程，教大家学习客家话，学生们的学习热情十分高涨。其他教师利用自己的专业优势对客家围屋的土楼建筑特点进行分析，为同学们深入讲解客家围屋的建筑特色。给同学们提供设计思路，以便开展后续的制作环节。

第二阶段：制作客家围屋外形。在此环节的设计中，同学们遇到了很多困难，先后设计了2个版本的方案。

方案1.0：A. 设计图纸。同学们对如何制作客家围屋外形进行头脑风暴，在课堂上，各小组将本组的设计理念——进行设计和讲解。

B. 材料选取。通过查阅资料，我们最终选择瓦楞纸，其具有易裁剪、镂空、剥离外皮、弯曲、弯折等优点。

C. 制作。在前期理论工作的基础上，开始动手设计。第一次的制作过程看似简单却不尽如人意。按照最初的设想，制作的客家围屋完全不具备古典的特色，丢弃了它最珍贵的地方。

方案2.0：在摒弃1.0设计之后，小组继续讨论，拿出满意的模型向教师咨询。这一次小组成功地制作出客家围屋模型。但学生提出在制作出客家围屋外形的基础上，加以设计进行点缀。同学们表示赞同，决定对客家围屋外形进行重新设计。

第三阶段：客家围屋的程序测试和硬件组装。根据之前查阅的资料设计程序，查阅说明书设计程序来测试电子元器件的使用，学生利用计算机Mind+软件对编程进行调试，却多次失败。在测试环节发现智能元件中4P连接线接口的安插是决定后续调配程序的关键，如接口连接错误，则程序就无法进行下去。这一次小组成员突破自己，在没有教师指导的情况下，自行摸索解决问题的办法。在设计环节，同学们已经明确客家围屋功能实现的具体要求：声控、灯光、温度和湿度显示及语音报警功能，接下来师生进行几组不同的尝试，比较设置的参数。

在程序都测试完成后，同学们信心满满地安装零部件。一开始对围屋进行设计时没有预留足够的空间和位置给门、窗等智能部件，教师对学生进行及时的指导和分析，引导学生科学合理地设计围屋各个位置的尺寸。根据各自围屋的造型特点，选择适当的安装方法，在围屋内部开孔，把线路安装到房屋内部，隐藏线路的走线，造型更加美观。

第四阶段：客家围屋外围的整体提升。在安装完智能元件部分后，学生探讨能否在客家围屋外形上设计一个外围,让客家围屋整体看起来更有家的氛围。于是同学们又经过一系列讨论加入家庭元素,让客家围屋更有归属感。

活动评价以《深化新时代教育评价改革总体方案》文件为指导纲领,通过教学体系的研究与开发,对学生的课堂表现数据记录进行整理、分析,基于学生基本学情与综合素养制定个性化的学习方案,做到因材施教,个性化指导,加速提升课堂教学的质量和水平。依托STREAM跨学科课程与"班级优化大师""红蜘蛛""极域电子教室""Arduino平台""问卷星"优质人工智能基础手段深耕课堂,培养学生自学能力,并以全新的评价机制与手段对学生进行全方位的评价。教师和学生还可以利用微信、小程序等新媒体技术作为评价工具,应用在以下场景中。

学生们在学习过程中,将项目任务卡、反思表以及最终的项目成果进行拍照记录,并上传至小程序,为学生个人和小组的项目化学习轨迹提供了可视化记录,形成了项目化学习的电子档案袋(E-Portfolio)。

学生们通过小程序分享项目化学习过程中的作品和精彩瞬间。在尊重版权的前提下,学生、家长和教师可以在平台上查看各个项目,实时掌握和监控项目的进度、完成情况以及学生们的作品和表现。同时,平台还允许用户点赞并发表评论,从而获取多主体的形成性评价信息。这些评价信息可以是量化的点赞和评分,也可以是描述性的评价。

根据教师提供的评分标准,结合学生在项目化学习过程中获得的点赞数和最终打分情况,小程序可以自动生成学生个人的学业报告单。这种报告单将形成性评价(如点赞或评语)与终结性评价(如评分与评语)、主观评价(如评语)与客观评价(如评分)等评价方式有机地结合在一起,为学生提供全面而准确的学业评价。

五 项目成效

客家围屋是客家文化的标志性建筑,被称作客家文化的活化石。这座充满历史沉淀和独特文化韵味的建筑,不仅是客家文化的重要象征,也是我国传统民居建筑中的一颗璀璨明珠。通过对客家围屋的发展历程和样式构造的深入学习,我们不仅可以了解围屋文化的深厚底蕴,还能感受到客家人世代相传的智慧和创造力。本项目成效如下:

(一)增强民族自豪感。通过制作客家围屋,使同学们了解客家围屋建筑特色,提高审美能力,增强保护祖国传统文化的意识,培养学生的爱国热情和创新力。

(二)五育并举,发挥成长性评价的重要作用,全面评估学生成长。五育并举,即德、智、体、美、劳全面发展,在教育评价中发挥着至关重要的作用。通过发挥成长性评价的重要作用,可以全面评估学生的成长状况,包括知识掌握情况、身体素质、道德品质、审美能力和劳动技能等方面。通过成长性评价,了解学生在五育方面的优势和不足,为他们提供更为全面和个性化的教育支持。同时,成长性评价激励学生充分发挥自己的潜力,提高自我认知和自我管理能力,从而更好地实现自我价值。

本项目重点研究客家文化,引导学生以客家文化为导向学习跨学科知识,真正让学生成为学习活动的主体。在制作客家围屋项目中,学生运用跨学科知识解决真实问题,提高沟通与合作能力和探究创新的素养。同学们了解了客家围屋建筑特色,提高了审美能力,树立了民族自豪感,增强了保护祖国传统文化的意识。

(撰稿者:深圳市坪山区坪山中学 姜淼)

创意 6-3 创意灯具设计

一 项目背景

教育部《完善中华优秀传统文化教育指导纲要》指出,加强对青少年学生的中华优秀传统文化教育,对于培养中华优秀传统文化的继承者和弘扬者,推动文化传承创新,建设社会主义先进文化具有基础作用。灯笼文化作为中国传统的文化样式之一,历经数千年的发展,已经发展出了不同的地域风格,具有独特的艺术表现形式。将现代科技融入传统的灯笼中,引导学生设计出具有中国传统文化味道的现代灯具,对于加深学生对灯笼文化的起源、发展和制作方法的了解,继承和弘扬灯笼文化有重要的意义,同时,又能为现代人对美好生活品质的追求贡献智慧。

本次活动历时八节课,每节课 45 分钟。

二 项目目标

(1) 欣赏形式各样的灯笼,感悟其中蕴含的中华传统文化,增强文化自豪感。

(2) 学习物理、信息、美术等相关知识和技术,学会利用电脑设计灯具,掌握 LaserMaker 软件的使用方法,学习并能运用激光切割技术和激光切割机,能够组装灯具。

(3) 加强合作意识、创新意识,体验探究的乐趣。

三 项目内容

材料准备:文具类:彩色硫酸纸、铅笔、橡皮擦、双面胶、水彩笔、尺子、剪刀、彩色棉绳、麻绳;工具类:3 mm 胶合木板、纽扣电池、LED 灯泡、无线灯泡、电池、红外线遥控器、热熔胶枪、装有 LaserMaker 软件的电脑、激光切割机。

该项目共四大板块:板块一是灯笼欣赏和设计;板块二是利用软件设计和利用硬件切割;板块三是进一步完善灯具设计并组装灯具;板块四是展示和评价。(如下图6-3-1)

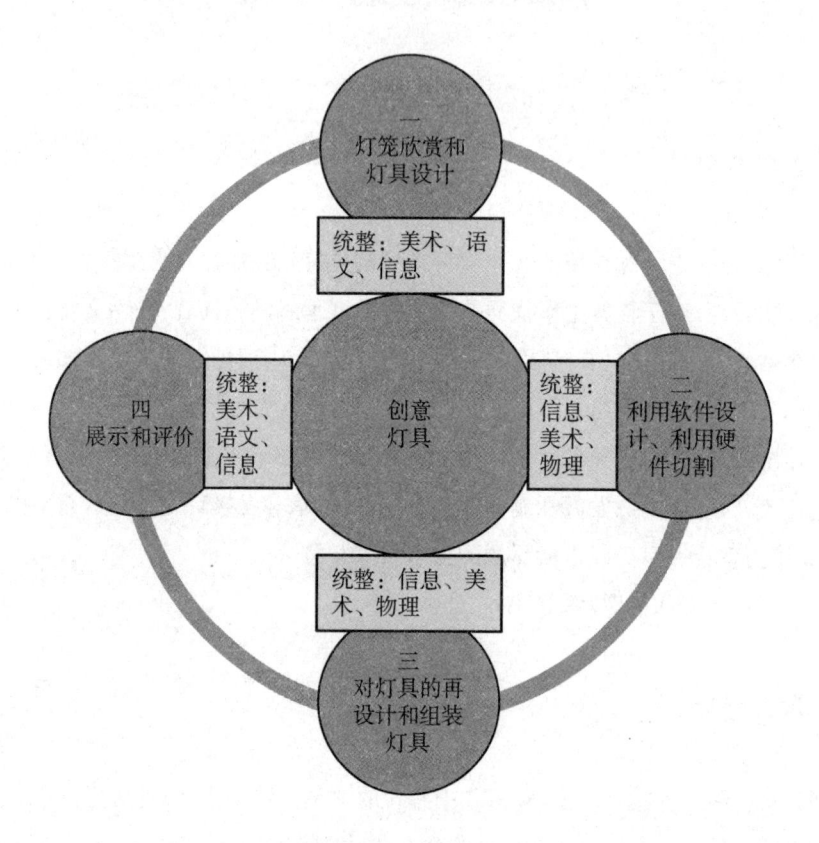

图6-3-1 项目结构图

板块一是展示中国传统灯笼文化,学生欣赏从古至今的灯笼形状的变化,激发联想与创意思维,绘制灯具外形草图与结构图。

板块二是学生学习LaserMaker软件,利用LaserMaker软件在电脑上设计出灯具平面结构图。

板块三是把利用LaserMaker软件设计出的灯具图拿到激光切割机上切割出灯具的零件并组装灯具及灯泡电路,选用所需的材料为灯具进行装饰。

板块四是作品展示与评价,进一步完善灯具,最后把灯具挂到教室中进行留念。

四 实施过程

(一) 灯笼文化学习和灯具设计阶段

1. 了解和欣赏传统的灯笼文化

学生观看有关灯笼文化的视频,并在现场展示形式各样的灯笼,让学生对灯笼文化有一个初步的认识。灯谜是灯笼文化的一部分,在古代的元宵节中,灯笼上面都会附有一个灯谜。展示课前准备的灯谜纸条,学生抽灯谜纸条,猜谜底。

2. 了解灯笼结构

教师现场拆卸一个灯笼,讲解灯笼内部和外部的结构,特别是灯笼的组装方式、设计样式,让学生了解一个灯笼从设计、选材、制作到组装的整个过程。给每个小组发放一个灯笼,学生尝试拆卸和组装,并尝试对灯笼进行再设计。

3. 灯笼制作工艺的学习

学生欣赏灯笼制作工艺,联想与创意灯笼在生活中的设计应用,观看灯具与盆栽结合的创意灯具,拓展创意思维。欣赏几何形、不规则形、创意组合形等不同外形的木质灯具,总结灯笼具有穿插、粘贴、镂空这三种工艺。

4. 合作探究

教师讲解本次项目的具体内容,设计一个别致的灯具。学生以 4 人为一组,发放纸张、文具,小组合作探究,讨论创意灯具的外形设计,并在草稿纸上绘制出灯具外形草图与结构图,确定制作尺寸,记录到项目表上。

5. 改进设计方案。学生设计好灯笼的外形之后,小组进一步讨论并合作改进设计方案,最后每个小组展示,教师点评。

(二) 软件学习和电脑设计阶段

1. 学习使用 Lasermaker 软件

给学生介绍软件的三大核心功能,分别是:快速造物功能:LaserMaker 具有简便、快捷的绘图能力,内含建模模板、多元图库,可从绘图、加工工艺选择、参数设置到激光加工一体化快速实现;加工工艺设置功能:LaserMaker 内嵌设置了激光切割加工工艺模式和参数的功能,目前可设置切割、描线、浅雕、深雕四种加工工艺;拟造物功能:LaserMaker 软件开发了按设定的加工工艺和加工参数进行模拟激光切割作业的功能,在软件中直接动态呈现模拟效果,使造物者能够直观、便捷地将设计与制作关联起来,能提升设计的调试效率,减少材料的损耗。

讲解LaserMaker软件界面。启动后的LaserMaker软件界面主要包含绘图区、工具栏、绘图箱、图层色板、图库面板以及加工面板六个部分。绘图区是绘制图形、编辑图形效果和展示设计图的区域。工具栏放置了文件操作选项、编辑快捷键、对象属性、图形图像、外部社区链接等功能按钮。绘图箱内不仅有常见的绘制图形的工具按钮,包括线段工具、文本工具、橡皮擦工具等,还有利用布尔函数运算进行图形组合的工具,例如并集、差集、交集等工具,我们使用这些工具能够快速、简易地绘制出图形。图层色板中设置有20种颜色色标,用于设置和区分选定对象的加工工艺。加工面板是对绘图区中的对象设置加工工艺和加工参数的功能面板,分为两部分,一部分是激光工艺图层面板,另一部分是激光造物面板。激光造物面板区,有"模拟造物"和"开始造物"两个按钮,会显示连接方式和状态。

讲解利用Lasermaker软件绘制图形。简单图形的绘制可以直接使用矩形工具;椭圆形工具可以绘制长方形、正方形、椭圆形、圆形;使用线段工具和网格工具,可以绘制三角形、平行四边形、梯形等多边形。对复杂图形的绘制,可以使用以下几个功能:

并集:将两个或多个图形相交的部分删除,多个图形被合并成为单一轮廓的图形。(如下图6-3-2)

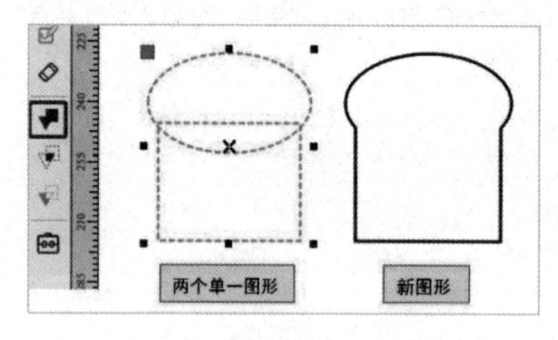

并集功能展示 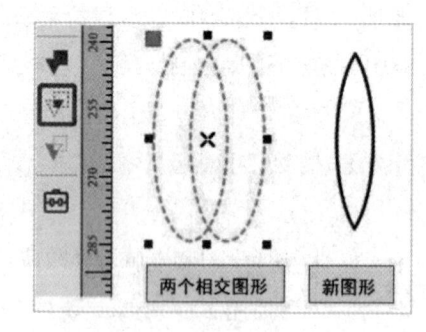　　　　　　　交集功能展示

图6-3-2　并集与交集功能展示图

交集:将两个或多个图形相交的部分保留,其他部分删除。

差集:使用其他图形将与本图形重叠的部分删除。

圆角化：让图形的边角更加柔和。

快速造盒：为初学者简化了绘制过程，节省了设计和绘制榫卯结构的时间成本，提升了设计和制作效率。（如下图6-3-3）

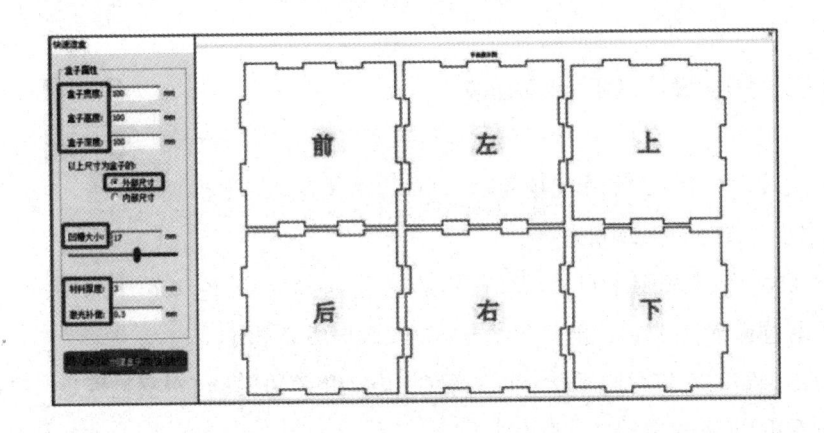

图6-3-3　快速造盒功能展示

2. 了解并使用激光切割机

激光切割是材料加工中一种先进的且应用较为广泛的切割工艺。它是利用高能量密度的激光束作为"切割刀具"对材料进行热切割的加工方法。采用激光切割技术可以实现各种金属、非金属板材、复合材料等的切割，在各领域都有广泛的应用。

激光切割是利用经聚焦的激光束照射工件，使被照射处的材料迅速熔化、汽化、烧蚀或达到燃点，同时借助与光束同轴的高速气流去除熔融物质，从而实现切割工件。激光切割属于热切割方法之一。

使用激光切割机时，需要用笔记本和激光切割机连接，打开激光切割机。首先打开Lasermaker软件，再打开要切割的文件，设置好参数，上传到激光切割机，再在激光切割机找到文件，放上木板，调整好切割头的位置，就可以开始切割了。

3. 学生练习使用Lasermaker软件和激光切割机

学生利用笔记本上的Lasermaker软件设计一个简单的图案，上传到FTP服务器后可到激光切割机上在教师的辅导下进行切割。

4. 利用Lasermaker软件设计灯具

灯具的拆分。由于软件上只能画出二维的平面图，所以教师教会学生把灯具拆分成可以在软件上设计出来的零件后,学生利用切割机切割出零件就可以组装起来,完成灯具外形的制作。

利用软件画出灯具的设计图。让学生结合前面的灯具设计图,利用 Lasermaker 软件对设计图进一步完善,并在电脑中把设计图画出来,教师在一旁进行指导。

(三) 灯具再设计和灯具组装阶段

学生把在软件上设计好的灯具图拿到激光切割机上进行切割,切割后把所有的零件进行组装。对组装过程中出现问题的小组,让其讨论问题出现在哪里,并拿出解决方案,对设计图进行修改和完善。

学生对所设计灯具的尺寸、大小、形状进行进一步完善,特别是所设计的灯具太小或者没有预留耦合的地方、放灯的地方,等等,及时重新设计。

灯泡电路的安装。教师给学生讲解纽扣电池相关知识和红外遥控原理,让学生选择灯泡和电源,并安装到灯具里面。

最后学生可以选择所要的材料,对灯具进行装饰。

(四) 项目评价和展示阶段

发放评价表(见表6-3-1)和小组自评与反思表(见表6-3-2),每个小组拿着做好的灯具到讲台上进行讲解和展示,其他小组评分,教师对其点评。最后根据评分的高低,对小组进行奖励。

表6-3-1 创意灯具项目评价表

评价标准	功能实现 (30分)	作品创意 (30分)	小组展示 (20分)	小组合作 (20分)	总分
第1小组					
第2小组					
第3小组					
第4小组					
第5小组					
第6小组					

表6-3-2　小组自评与反思

姓名：_____	
姓名：_____	
姓名：_____	
姓名：_____	

每个小组在展示结束后,对自己的灯具进行完善和改进,在自己的灯具上写上一道灯谜,并把自己的灯具挂在教室的角落里进行留念。

五　项目成效

该项目共开展四节课,每节课都安排学生完成不同的任务,从灯具的设计到电脑设计软件的学习,从工具的准备到激光切割机的运用,这一系列的过程涉及了科学、技术、工程、艺术、物理等学科,学生融合多个学科知识设计和制作灯具,所取得的成效如下：

（一）提高学生创新能力。课程伊始,要求学生分组讨论此次所要制作灯具的设计并画出来,用电脑软件制作灯具的模型时也需要进一步设计。学生头脑风暴,讨论和思考灯具的每一个细节和结构,在设计纸上用铅笔进行多次修改和完善,最后每个小组做出来的灯具都各具风格和特色。

（二）提高学生学习能力。一是电脑软件学习能力。学生在进行灯具模型制作时需要用电脑来进行设计。本次采用的LaserMaker软件,学生很陌生,在设计灯具模型时得一步步去熟悉,在设计好之后还要多次修改,让灯具变得更好看、实用,最终大部分学生都可以做出自己满意的灯具。二是动手能力。此灯具项目需要学生把灯具的每个部分设计出来之后再组装起来,在组装时会遇到一个问题,即怎样才能让每个部分契合。学生想到用卡槽去把灯具的每个部分卡紧,不需热胶枪把各部分粘起来。三是物理知识学习能力。在讲解灯的知识时,学生了解到不同灯的电功率、纽扣电池的组成和遥控灯中的遥控原理。

（三）提高学生的综合素质。学生对灯具各个部件不断地进行打磨和完善，从设计到用切割机切割再到组装，在合作中一个个具有不同设计的灯具都被制作出来，激发了学生的学习兴趣，进而提高了学生自身的综合能力。

（深圳市坪山区坪山中学　王露敏，凌康明，彭柳静，邱芷莹）

创意 6-4　让中国立体起来

一　项目背景

地理课堂是对学生进行爱国主义教育的重要阵地,地理课程中含有丰富的实践内容,包括图表绘制、学具模型制作和实验演示等。在深圳大部分学校,初中地理一周两个课时,内容量大,教师所教班级多,学科受到的重视程度不高,大部分学生在地理学习上依然是浅层学习,缺乏空间想象力、综合分析力和社会实践力。对初中地理教学如何满足核心素养要求的研究已经刻不容缓。

随着互联网时代的发展,学生很容易获得信息和学习资源、资料,学校也可以为学生提供探究的空间。不论是普通美术画具还是新兴的超轻黏土材料、3D打印技术,都可以成为学生学习利用的工具。在此背景下,"让中国立体起来"项目应运而生,学生运用超轻黏土、彩色卡纸等用具,通过剪贴、拼摆和捏塑等方式,制作各种类型的平面或立体的地图模型,将自己的人生经历和书本内容联系起来,将地理知识灵活化、综合化,从地理的视角认识和欣赏我们所生存的世界。

二　项目目标

(1) 通过实践与知识学习的碰撞,提升对地理学习的兴趣和信心。

(2) 分小组完成地图模型的制作,通过制作过程中自主创作、发现问题和解决问题,培养创新思维和动手能力。

(3) 从中国的疆域、省份、人口、民族、自然环境、经济发展等多方位全方面的维度了解中国的地理情况,增强海洋意识,培养民族情感和自豪感。

三　项目内容

本项目共有三大板块,分别是:平面图设计、模型材料选择、立体模型制作。(如下

图 6-4-1)

```
01 平面图设计
    地图具有较强的严谨性,为提高效率,确保正确性,学生动手制作前应进行小组合作,提前设计草图。

02 模型材料选择的
    超轻黏土是纸黏土的一种,易塑形,环保无毒、价格低廉。因此本项目以超轻黏土为主要材料制作立体模型。

03 立体模型制作
    在《义务教育地理课程标准(2022年版)》主题五的教学提示中鼓励学生开展学具制作,目的是帮助学生形成立体感,理解三维的地理环境。
```

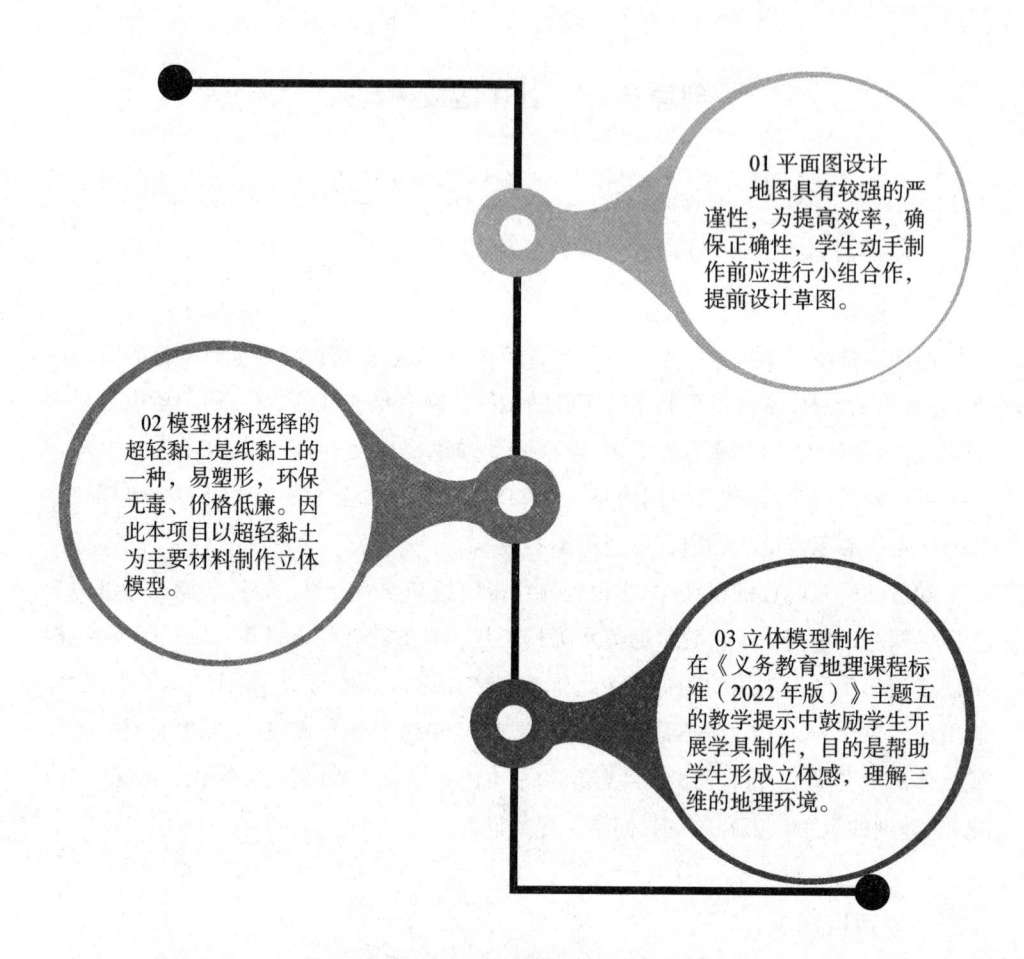

图 6-4-1 《让中国立体起来》项目结构图

板块一:平面地图设计。地图具有较强的严谨性,为提高效率,保障正确性,学生动手制作前应进行小组合作,提前设计草图,在此过程中,适当寻求美术、地理等教师的帮助。

板块二:模型材料选择。制作材料可以进行丰富和创新。超轻黏土是纸黏土的一种,易塑形,是近年来兴起的一种环保无毒、价格低廉的手工材料。因此本项目以超轻黏土为主要材料制作立体模型,共开展两次各班级内部常规的超轻黏土模型制作和一次班级之间的模型制作竞赛,主题分别是"中国的地形""交通运输业"和"中国地理",在此以"中国地理"为案例进行分析。

板块三：立体模型制作。立体模型的空间感、综合性、实践性都比其他地理模型制作方式要强。在《义务教育地理课程标准(2022年版)》主题五的教学提示鼓励学生开展学具制作，目的是帮助学生形成立体感，理解三维的地理环境与二维的课本图片之间的关系，实际上这一活动建议用在八年级上册中也十分合适。

四 实施过程

模型制作需要学生以个人或小组的形式根据教师选定的主题、设立的学习目标自主完成作品，教师在这个过程中起到的是引导、评价的作用。讲授新课前的模型制作，可以锻炼学生的自学能力；讲授新课过程中或者课后的模型制作可以锻炼学生的自主归纳、总结的能力。在模型制作中，学生不是简单地进行地图描摹或者制作材料的堆砌，而是要对书本知识进行二次创造，用跨学科思维去分析、解决在学习和生活中遇到的类似问题。以下用本项目的主要案例"中国地理"为例，展现实施过程。

(一) 绘制草图

A、B、C小组首先绘制草图，做好大致的分工。这个环节可以保证学生是有计划和目的地进行实操，也提前避免小组分工不合理、效率低下的问题，同时在此过程中学生也可以梳理自己的想法，展开想象。

A组的设计稿列出了模型的制作要点和基础步骤，对部分细节(如工厂)考虑详细，明确了制作过程、数量和比例。

B组的设计稿最大的优点是充分考虑了比例尺的问题，把重要地形区缩小在图纸上的大致长度标注出来，并且设计了两个图层。

C组设计稿绘制清晰，且已经根据组员的优势做好了组内分工，每个人的大致职责明确，且在小组内达成"主要负责不等于只做"的共识。

三组学生不约而同选择以中国地形图为底图，并且在草图绘制或者实际操作过程中牢记横版中国地图南海九段线的展示。从这一环节中可以看出，A组想象力最丰富，B组学生注重细节，C组最具合作意识，态度认真负责。

(二) 实践操作

利用学校的超轻黏土工作坊的便利条件，为学生提供丰富的工具，如各色超轻黏土、泥塑工具、3D笔、木材、铁丝、热熔胶枪、填充泡沫及废纸、颜料、工具刷、草粉等。

A组学生制作完成的模型中包括中国地形特征(三级阶梯),主要的山脉,主要的地形区,重要河流(黄河与长江),中国的部分邻国,中国的海洋资源(四大盐场、渔场),中国的土地资源(草地、林地),七年级海陆分布的知识(海、洋的深浅),中国不同区域的人文、旅游、饮食等特色(广东花都、四川大熊猫、陕西肉夹馍、北京烤鸭、东北地区饺子、江西陶瓷、湖南辣椒、兰州拉面等)。

除课本知识之外,学生也在模型中赋予了很多自己对世界的认知、想象和看法。比如用未来积雪消散的珠穆朗玛峰,由于海平面上升导致面积变小的海南岛等体现全球变暖的环境问题;用台湾岛和祖国大陆之间架起的一座写着"华"字的桥梁表达两岸早日统一的愿望。虽然这些元素在真实世界中并不存在,但正如学生所说:"地理是不断在变化的",学生学会了用创意的、发展的、多元的眼光看待这个世界,比原原本本地反馈现实更加难能可贵。

此模型存在个别科学性的错误:黄河、长江的源头位置不准确,昆仑山南部多出来一个盆地。值得一提的是,有学生将其解释为"板块不停运动,世界也不断在变化,我们无法预知未来地貌是否会出现这样的变化"。

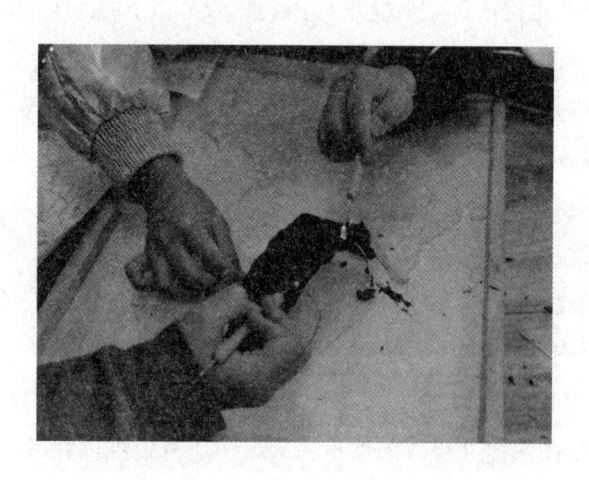

图6-4-2 B组学生模型图

图6-4-2为B组学生制作的模型图,B组模型中主要包括中国的四大不同地形区的分布、主要河流以及四大海域。在本次竞赛中,B组学生表现出的凝聚力不强,小

组分工不明确,沟通效果不好,并且毅力不够,仅仅花费不到半天的时间便完成作品(如上图所示),作品要素比较单一。经了解,草图由1人独立完成,其他组员没有参与前期准备。

该班表现出来的深度学习的程度是明显不及其他两个班级的,这也与本学期的评价量表得分一致。

C组学生制作模型图的制作过程中,学生安静有序,各自负责各自的板块,小组内领导者的角色和作用突出,互相配合,对本班作品理解清晰,完成过程顺畅。

本模型的比例科学,各地理单元的相对位置较为精确,配色符合常规地形图惯用方式及审美。所包含的书本内容与A组的模型大致相同,同时更加完整地展现了四大盐场、四大渔场以及东部四大工业区的分布,勾勒出了中国与主要邻国之间的国界线。在模型制作中,学生不是简单地考虑美观,而是结合地理特色进行创作,比如用铁丝和胶枪制作隆起的青藏高原骨架,用体积最大的鱼表示中国最大的舟山渔场,用接近铁矿的灰色颜料来涂抹工业区,用3D打印笔制作晒盐景观让盐场的展示比书本更直观,在青藏地区放置黏土制作的牦牛,在内蒙古牧区放置小羊,用白色与蓝色混合的黏土来表示洋流的运动等。

(三) 评价阶段

根据深度学习的三大领域(认知领域、人际领域、个人领域)及六大维度(掌握核心学科知识、批判性思维和复杂问题解决、团队协作、有效沟通、学会学习、学习毅力),本项目设计了评价量化表,量化表评价体系由组内评价(占17分)和教师评价(占33分)构成,总分50分。组内评价主要是团队协作、有效沟通两个维度,教师评价有六个维度,主要是学科知识、地理思维、问题解决、学会学习、作品呈现等。此表的优势在于同时体现过程性和结果性评价,长期使用可以看到学生内在思维和外在表现的变化。

五 项目成效

学生基本达到本次教学活动的四大目标,对比来看B组作品显得逊色一些,但当看到其他班作品展示的时候,有组员也进行了深刻的自我反思。A组及C组的模型涉及了八年级上册全册的内容,并且能够合理地展现在一个作品之中,体现了知识之间的逻辑性、关联性,说明学生在小组合作的过程中充分发挥了群体的智慧,尽可能多维度多方面地联系知识且进行拓展,而不仅仅是内容的堆砌。与此同时,学生们也展示出了批判的精神,迸发出自己的想法,坚持完成作品、修改作品,主动寻求帮助尝试不同的制作方式、工具和思路。可以说,一个学期过去,他们在深度学习的六大维度中都有了长足的进步和真正的发展。

(撰稿者:深圳市坪山区坪山实验学校 陈诗微)

后 记

2017年,坪山正式成立行政区。

2019年,坪山区启动区域推进课程品质提升计划。

2020年,坪山区出台《坪山区品质课程系列建设方案》《坪山区引领性课程实施方案》《坪山区普及性课程实施方案》等系列文件,以重点研究项目为抓手,扎实有效地推进"品质课程"系列建设。

2021年和2022年,坪山区"品质课程"进入深度实施的关键阶段,通过诊断和评估学校个性化课程实施现状,总结经验,建构模型,推动区域课程改革。

2023年,坪山区重点加强品质课程成果物化提炼与出版,持续探索坪山区品质课程建设升级迭代策略……

坪山区作为深圳市的新兴区域,积极响应国家教育政策,致力于构建更具前瞻性、创新性和实用性的课程体系,通过课程改革来推进教育方式的革新。对标深圳教育"幼有善育,学有优教"先行示范目标,每一次的改革与探索,坪山教育人都敢为人先、勇于挑战,这既源于对教育高质量发展的孜孜追求,更源于其朴素的教育情怀和对教育的虔诚与热爱。

跨学科学习是基础教育课程教学变革的一个风向标,也是在素养时代一种最为重要的学习方式。自2020年整区开展跨学科课程建设探索,通过区、校联动,通过跨学科师资培训、跨学科课程设计项目立项、跨学科学习成果展示等方式,引领广大教师积极学习与实践,同时,通过教育科学规划课题进行系统化探索研究。

《跨学科学习创意设计》这本书以坪山区中小学跨学科教育为背景,选择了二十九份代表性案例,旨在展示不同学段中学生深度理解、迁移运用和创新创造知识的过程。通过这些案例的呈现,我们希望能够向广大教育工作者展示跨学科学习的意义和价值,促进跨学科教育在更多地区的普及和推广。

《跨学科学习创意设计》这本书历时近7个月完成,在本书编写过程中,我们得到了许多专家学者的支持和帮助，特此感谢。首先，我们要特别感谢上海教育科学研究院杨四耕教授，他多次深入学校课程现场进行指导，对文本结构及案例进行了多次修改指导，为本书的编写提供了宝贵的指导和支持。同时，坪山区教育行政给予的有力保障，为我们提供了所需的资源和条件。此外，本书的姜淼、季雅瑄、刘盼盼、任慧敏、于丽、朱思楠等编委老师和案例作者们也付出了大量的心血，在此一并表示感谢。

最后，我要感谢所有支持和帮助我们的人们，愿我们的努力能够为教育事业带来积极的影响和推动力，愿本书能够为广大教育工作者提供有益的借鉴和启示，推动跨学科教育的发展，为培养具有创新思维和综合能力的学子做出一点贡献。

2024 年 4 月